React 16 Tooling

React 16 Tooling

적재적소의 도구 활용을 통한 개발 작업 효율화

아담 보두치 지음 이승준 옮김

i!i
에이콘

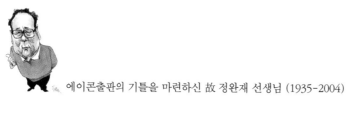
에이콘출판의 기틀을 마련하신 故 정완재 선생님 (1935-2004)

| 지은이 소개 |

아담 보두치 Adam Boduch

대규모 자바스크립트 개발 분야에서 10년 가까이 일했다. 프론트엔드로 옮겨가기 전에 파이썬과 리눅스를 사용해 몇 가지 대규모 클라우드 컴퓨팅 제품을 개발했다. 복잡성에 익숙하며 실제 소프트웨어 시스템과 그 시스템이 취한 규모 확장 문제에 관해 현장 경험이 있다.

팩트 출판사의 『React and React Native』(2017)를 비롯한 여러 자바스크립트 도서를 저술했으며 혁신적인 사용자 경험과 고성능에 매우 관심이 많다.

| 기술 감수자 소개 |

크리스토퍼 피트 Christopher Pitt

저자이며 강연자이자 개발자다. 신기술을 배우고 다른 사람들을 가르치는 데 대부분의 시간을 보낸다. JS 게임 개발, PHP 프레임워크 사용법, 간단한 컴파일러 작성법 등 여러 주제에 관한 글을 썼다.

팩트 출판사에서 출간한 『React 16 핵심 정리 2/e』(에이콘, 2018)의 React 16 및 Redux에 관한 장들을 검토하는 데 도움을 주었다.

| 옮긴이 소개 |

이승준(violakr0@gmail.com)

한아시스템에서 소프트웨어 엔지니어로 근무했으며 현재 프리랜서로 일하고 있다. 삼각형프레스에서 출간한 『Boogazine JFC PROGRAMMING』(1998), 『Boogazine Visual J++ 6.0』(1998), 『Java Workshop 2.0 21일 완성』(1997)을 집필했고, 편저한 책으로 『JAVA 서블릿 & JSP 프로그래밍 한꺼번에 끝내기』(2002), 『XML 기본+활용 마스터하기』(2002)가 있다. 또한 에이콘출판사에서 출간한 『(개정판) C & C++ 시큐어 코딩』(2015), 『닷넷 개발자를 위한 AngularJS』(2016), 『파이썬 분산 컴퓨팅』(2016), 『Angular 2 컴포넌트 마스터』(2016), 『유니티 게임 개발을 위한 절차적 콘텐트 생성』(2017), 『React 16 핵심 정리 2/e』, 『자연어 처리의 이론과 실제』(2018)를 번역했다.

옮긴이의 말

이 책을 쓴 아담 보두치는 일전에 내가 번역한 『React 16 핵심 정리 2/e』의 공저자이기도 하다. 그래서 이 책을 번역하는 내내 이전 책을 이어서 번역하는 느낌을 받았다. 내용도 자연스레 이어져 있어서 React 16에 관심이 있는 독자에게는 또 하나의 좋은 책이 될 것이다.

'React 16 Tooling'이라는 제목 그대로 도구 활용에 초점을 맞춘 책이다. 저자가 말했듯 어떤 기술도 도구가 있어야 한다. 물론 도구가 없이도 작업을 진행할 수 있지만, 도구를 사용할 때와 비교하면 땅과 하늘 차이다. 이런 점을 알기에 React 16을 뒷받침하는 도구들을 독자에게 소개한다는 기쁨을 갖고 즐겁게 번역할 수 있었다.

독자가 생소하게 느낄 만한 전문용어에 관해서는 주석을 달아놓아 손쉽게 관련 용어를 접하게 했다. 이전 번역서인 『React 16 핵심 정리 2/e』의 서문에서 밝힌 바와 같이 기사에 따르면 React 기술을 원하는 기업주는 37%인 데 비해 기술력을 갖춘 개발자는 19%에 불과하다고 한다(http://www.itworld.co.kr/news/108020). 이 책을 통해 React 16 기술을 더욱 탄탄하게 갖춰 어디에서나 환영받는 인재가 되길 바란다.

이 책을 번역하는 동안 물심양면으로 신경 써준 대우증권 IT센터 이수현 팀장, 보험개발원 정보서비스부문 IT 개발팀 김기홍 팀장, 한아시스템의 옛 동료이자 현재 (주)수가미디어컴의 대표인 김영기 씨에게도 감사의 말을 전한다. 끝으로 이 번역서가 나오기까지 불철주야 수고해준 에이콘출판사 직원들께 감사를 표한다.

| 차례 |

2장   Create React App으로 React 애플리케이션을 효율적으로 부트스트랩하기   37

3장   개발 모드와 핫 리로딩 마스터하기   47

어떤 기술도 도구가 지원돼야 빛이 난다. React도 예외는 아니다. React는 사용자 인터페이스를 만드는 라이브러리일 뿐이지만, 그 주위에 생겨난 생태계를 보면 전형적인 React 프로젝트에 유동 부분이 많다는 것을 알 수 있다. 적절한 도구를 만들어내지 못하면 작업을 자동화하지 못하고 수동으로 하게 돼 많은 시간을 소비하게 된다.

React 도구는 여러 형태로 돼 있다. 어떤 것은 예전부터 내려온 것이고, 또 어떤 것은 완전히 새로운 것이다. 어떤 것은 브라우저 내에 있고, 또 어떤 것은 명령행으로만 가능한 것이다. React 개발자가 사용할 수 있는 도구는 많다(이 책에서는 내가 작업한 프로젝트에서 사용했던 강력한 도구들에 관해 집중하려고 했다).

이 책의 각 장에서는 React 도구 하나씩 중점을 둔다. 기본 개발 도구부터 시작해 React 컴포넌트 디자인을 완성하는 데 도움이 되는 도구로 이동하고, 실제 환경에서 React 애플리케이션을 배포하기 위한 도구로 끝을 맺는다.

▌ 이 책의 대상 독자

이 책은 자신의 업무를 향상시킬 더 나은 도구와 기술을 항상 염두에 두고 있는 React 개발자를 대상으로 한다. 이 책을 읽는 데 React를 다룬 경험이 없어도 되지만, React의 기본 사항들을 미리 알고 있으면 큰 도움이 될 것이다.

▍ 이 책에서 다루는 내용

1장, 맞춤형 React 개발 생태계 만들기 React 프로젝트에서 도구 제작을 위한 동기 부여를 소개한다.

2장, Create React App으로 React 애플리케이션을 효율적으로 부트스트랩하기 create-react-app을 실행해 본다.

3장, 개발 모드 및 핫 리로딩 마스터하기 개발 서버 및 핫 모듈 리로딩을 사용해 React 애플리케이션을 개발하는 방법을 설명한다.

4장, 테스트 지향의 React 개발 최적화 Jest 단위 테스트를 프로젝트에 통합하는 방법을 설명한다.

5장, 타입 안전한 React 컴포넌트로 개발 간소화와 리팩토링하기 Flow를 사용해 React 컴포넌트의 타입 안전성type-safety을 소개한다.

6장, 유지 보수성을 향상시키기 위한 코드 품질 강화 ESLint와 Prettier(코드 품질 향상을 위한 도구)를 다룬다.

7장, Storybook을 사용해 컴포넌트 격리하기 Storybook을 사용해 애플리케이션에서 컴포넌트 개발을 분리해야 한다는 것을 보여준다.

8장, 브라우저에서의 컴포넌트 디버깅 React 컴포넌트 디버깅을 지원하는 React Development Tools 브라우저 플러그인에 관해 자세히 설명한다.

9장, Redux로 애플리케이션 상태 조율하기 Redux DevTools 브라우저 플러그인을 도입해 애플리케이션 상태를 명확하게 알아본다.

10장, Gatsby로 정적 React 사이트 구축 및 전개하기 Gatsby와 React 컴포넌트를 사용해 정적 웹사이트를 만드는 방법을 설명한다.

11장, Docker 컨테이너로 React 애플리케이션 빌드 및 배포하기 출시 준비된 React 애플리케이션을 컨테이너에 배치하는 방법을 설명한다.

▌ 준비 사항

이 책은 React의 기본을 배운다. 여러분의 프로젝트에서 이미 React를 사용하고 있다면 누락된 도구를 확인하자.

예제 코드 파일 다운로드

이 책의 예제 코드 파일은 www.packtpub.com의 계정을 통해 다운로드할 수 있다. 다른 곳에서 구매한 경우에는 http://www.packtpub.com/support를 방문해 등록하면 파일을 이메일로 받을 수 있다.

이 책의 코드 번들은 깃허브인 https://github.com/PacktPublishing/React-16-Tooling에 올려져 있다. 코드 업데이트가 있는 경우에는 이 깃허브 저장소에서 업데이트될 것이다.

또한 에이콘출판사 도서정보 페이지 http://www.scornpub.co.kr/book/react-16-tooling에서도 코드를 다운로드할 수 있다.

이 책의 컬러 이미지 다운로드

이 책에 사용된 스크린샷/다이어그램의 컬러 이미지가 들어간 PDF 파일도 받을 수 있다. https://www.packtpub.com/sites/default/files/downloads/React16Tooling_ColorImages.pdf에서 이 파일을 다운로드할 수 있다.

또한 에이콘출판사 도서정보 페이지 http://www.acornpub.co.kr/book/react-16-tooling에서도 컬러 이미지를 다운로드할 수 있다.

편집 규약

이 책에는 많은 텍스트 스타일이 있다.

CodeInText: 이런 글꼴은 내용 속의 코드 단어, 데이터베이스 테이블 이름, 폴더명, 파일명, 파일 확장자, 경로명, 더미 URL, 사용자 입력을 나타낸다. 예를 들면 다음과 같다. "다음으로는 Create React App이 생성한 package.json를 보자."

코드 블록은 다음과 같이 지정해 놓았다.

```
import React from 'react';

const Heading = ({ children }) => (
  <h1>{children}</h1>
);

export default Heading;
```

코드 블록 중에서 특정 부분에 주의를 기울여야 할 때 다음과 같이 관련 행이나 항목을 굵게 나타냈다.

```
import React from 'react';

const Heading = ({ children }) => (
  <h1>{children}</h1>
);

export default Heading;
```

명령행 입력이나 출력은 다음과 같이 나타냈다.

```
$ npm install -g create-react-app
```

굵은 서체: 새 용어, 중요 단어, 화면에 나타나는 단어도 굵게 나타냈다. 예를 들면 메뉴나 대화 상자에 나타나는 단어는 이와 같이 보인다. 다음도 그 예다. "**Add extension** 버튼을 클릭하면 설치할 때 확장자가 표시된다."

 주의해야 하거나 중요한 내용은 이와 같이 표기한다.

 참고 사항이나 요령은 이와 같이 표기한다.

오탈자

내용을 정확히 전달하기 위해 최선을 다했지만, 실수가 있을 수 있다. 이 책에서 오류를 발견해서 알려준다면 매우 감사하게 생각할 것이다. http://www.packtpub.com/submit-errata를 방문해 이 책을 선택하고 정오표 제출 양식을 통해 오류 정보를 알려주기 바란다.

한국어판은 에이콘출판사 도서정보 페이지 http://www.acornpub.co.kr/book/react-16-tooling에서 이 책을 찾아 오류 정보를 알리면 된다. 정오표도 볼 수 있다.

저작권 침해

어떤 형태로든 팩트 출판사 서적의 불법 복제물을 인터넷에서 발견했다면 적절한 조치를 취할 수 있게 해당 주소나 사이트 명을 즉시 알려주면 감사하게 생각할 것이다. copyright@packtpub.com로 해당 링크를 알려주길 바란다.

질문

독자의 피드백은 항상 환영이다. 피드백은 feedback@packtpub.com으로 이메일을 보내면 되고, 메시지의 제목에 책 이름을 적으면 된다. 이 책의 내용에 관해 궁금한 사항이 있으면 questions@packtpub.com으로 이메일을 보내기 바란다. 한국어판에 관한 질문은 에이콘출판사 편집 팀(editor@acornpub.co.kr)이나 옮긴이의 이메일로 문의해주길 바란다.

01

맞춤형 React
개발 생태계 만들기

사람들은 React란 말을 들으면 사용자 인터페이스를 효율적으로 렌더링하는 데 사용되는 라이브러리로 생각한다. 사람들은 프레임워크framework란 말을 들으면 유용한 도구들을 포함하는 커다란 시스템이라고 생각하는데, 그런 도구가 들어 있지 않으면 별 볼 일 없는 시스템으로 여긴다. 대부분 프레임워크에 관해서는 맞는 말이지만, React는 프레임워크가 아니라는 말에는 조금 오해의 소지가 있다.

React를 이용해 의미 있는 개발을 시도해보면 즉시 난관에 부딪힐 것이다. 이는 React가 모놀리식monolithic1 프레임워크로 배포되는 게 아니라 도구들의 도움을 받는 핵심 라이브러리로 더 잘 묘사되기 때문이다.

---

1   단일 구조를 의미한다. 모듈의 반대 개념이다. – 옮긴이

프레임워크의 장점은 지원되는 도구와 함께 핵심 라이브러리를 한 번에 설치할 수 있다는 것이다. 단점은 프로젝트마다 필요한 도구가 다르므로 필요한 도구와 그렇지 않은 도구가 무엇인지 확실치 않다는 것이다. 도구들로 생태계를 이루면 도구들에 관한 선택권이 커져 프로젝트를 독자적으로 끌고나갈 수 있는 이점이 있다. 즉, 프로젝트에서 사용하는 도구 중 하나의 기능이 미약하다고 해서 전체 프레임워크의 새 릴리스^{release}가 나올 때까지 기다릴 필요가 없다.

이 책의 목적은 React를 둘러싼 도구 생태계를 가장 효과적으로 활용하는 방법을 보여주는 것이다. 1장에서는 다음의 내용을 배워 React 도구 활용 개념을 익힐 것이다.

- 도구 활용 없는 React
- 도구 소개
- 이 책에서 다루는 도구들
- 프로젝트에 필요한 도구 결정

▌React에 포함되는 것

도구 활용 논의를 시작하기 전에 React가 무엇인지, 패키지를 설치할 때 패키지와 함께 무엇이 제공되는지에 관해 알아보자. React 웹 애플리케이션을 실행하기 위해서는 2개의 핵심 React 패키지가 필요하다. React 도구 관해 활용을 생각하기 위한 배경을 알아보고자 핵심 패키지를 살펴볼 것이다.

렌더 트리를 비교하는 컴포넌트

React의 첫 번째 핵심은 react라는 패키지다. 이 패키지는 React 컴포넌트를 작성할 때 직접 마주하는 패키지로 작은 API다. Reat 패키지는 상태를 가진 컴포넌트를 생성할 때만 사용하며, Component 클래스를 확장해야 한다.

react 패키지 내부에서는 많은 일이 발생한다. 여기서 렌더 트리^{render tree}가 상주하며
UI 요소를 효율적으로 렌더링한다. 렌더 트리의 또 다른 이름은 가상 문서 객체 모델
^{Document Object Model, DOM}이다. 이 개념을 사용하면 렌더링할 UI 요소에 관한 JSX 마크업
^{markup}만 작성하고, 나머지 일은 렌더 트리가 처리한다.

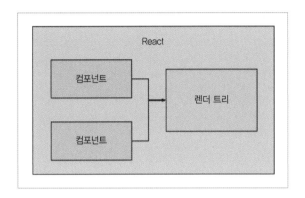

이 다이어그램에 나타난 것은 코드로 직접 작성하게 되는 컴포넌트와 상태 변경 컴포넌
트로 인한 표현을 바꾸는 렌더 트리다. 렌더 트리와 렌더 트리가 하는 모든 일은 React
의 핵심 사항이 된다.

DOM 렌더 타깃

React의 두 번째 핵심은 DOM이다. 사실 가상 DOM이라는 이름은 React가 자바스크
립트로 DOM 표현을 만든 후에 DOM API와 대화를 한다는 개념에서 나온 것이다. 실
제로 React는 React 컴포넌트와 상태를 바탕으로 추상 구문 트리^{Abstract Syntax Tree, AST}를
생성하므로 렌더 트리가 더 나은 이름이다. 이런 이유 때문에 동일한 React 라이브러리
로 React Native와 같은 프로젝트에서도 작업할 수 있다.

react-dom 패키지는 브라우저 DOM API와 직접 통신해서 렌더 트리를 브라우저의
DOM 요소로 변환하는 데 사용된다. 다음은 이전 다이어그램에 react-dom이 들어갔을
때의 모습이다.

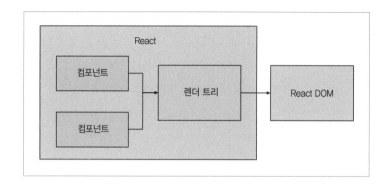

이는 훌륭한 아키텍처다. 즉, 힘들이지 않고 다른 렌더 타깃을 대체할 수 있다. 보다시
피 React의 핵심 계층은 아주 작다. 하지만 인기가 있는 것은 이상한 일이 아니다(약간의
노력으로도 효율적이고 유지 보수가 쉬운 선언적 코드로 사용자 인터페이스를 만들 수 있다). 이를
염두에 두고 이 모든 것을 가능하게 하는 도구 활용에 초점을 맞춰보자.

▌ 도구 활용 소개?

React에서 도구 활용은 특이한 게 아니다. 모든 프로젝트에는 핵심 기술과 관련된 작업
을 처리하는 자체 도구 세트가 있으므로 일일이 처리할 필요가 없다. 프레임워크를 사
용하면 대부분의 경우 도구들이 프로젝트에 포함된다. React와 같은 라이브러리를 사용
하면 프로젝트에서 필요한 도구와 불필요한 도구를 선택할 수 있다.

이제 React 핵심이 무엇인지 알았으니 React 생태계의 나머지는 어떤 것으로 돼 있는지
살펴보자.

React 외부의 보조 작업

프레임워크 크기가 커지는 것은 많은 사람들에게 주요 고민거리다. 프레임워크가 커지는 이유는 사용하지 않을 것 같은 기능이 많이 들어 있기 때문이다. React에서는 핵심 라이브러리와 React 개발에 필수적인 것들 사이를 분명히 구분하므로 이런 문제를 잘 해결한다.

React와 이것이 주변 생태계 내에 위치하는 방식에 관해 다음과 같이 생각한다.

- 모든 것을 갖춘 프레임워크보다 간단한 라이브러리에 바탕을 둔 앱을 배포하는 것이 더 쉽다.
- 대부분의 경우 방해가 되지 않는 도구를 갖고 있으면 애플리케이션 개발에 관해 생각하기가 더 쉽다.

다르게 말하면 대다수의 React 도구를 사용할 필요는 없으며, 그중 일부만이 크게 도움된다.

여러분을 편하게 해줄 도구는 현재 작업 중인 라이브러리 바깥에 많이 존재한다. 이 점을 기억하는 것이 중요하다. 도구는 개발 시간이 오래 걸리는 무언가를 자동화하기 위해 존재한다. 인생은 너무 짧아서 수작업으로 일을 처리할 수 없다. 다시 말하면 소프트웨어가 잘 수행할 수 있는 작업을 직접 하기에는 시간이 아깝다. React 개발자라면 시간을 아껴줄 도구가 있다는 사실에 안심하자.

건설 현장과의 유사점

어쩌면 도구 활용을 진지하게 받아들이는 궁극적인 동기는 전문가로서 의존하는 도구 없이는 삶이 어떻게 될지 상상할 수 없기 때문일 것이다. 건설 산업은 소프트웨어보다 성숙하며 훌륭한 모범이 된다.

여러분은 주택 건설을 담당하는 팀의 일원이라고 하자(유동 부분이 많은 대단히 복잡한 사업이다). 작업에 쓰일 만한 모든 것에 관해 생각해보자. 재료 자체부터 시작하자. 현장에서 만들어야 할 것들이 있다. 집을 지을 때는 많은 구성 요소가 만들어진다. 예를 들어, 지붕 골조나 혼합 시멘트가 필요 시에 들어간다.

집을 꾸밀 때 인부들이 사용하는 실제 도구가 있다(간단한 드라이버, 망치, 줄자는 당연한 것으로 간주된다). 건축 현장 외부에서 구성 부분을 만들 역량이 없거나 일상 건축 자재에 쓰일 도구가 없으면 건축 작업은 어떻게 될까? 집 건축이 불가능할까? 그렇지 않다. 그러면 건축 과정의 비용이 엄청나게 늘어나고 완공 전에 취소될 정도로 느리게 진행될까? 그렇다.

불행히도 소프트웨어 업계에서는 이제야 도구 활용의 중요성을 이해하기 시작했다. 미래의 집을 짓기 위한 재료와 지식을 모두 갖춘 것은 중요하지 않다. 올바른 도구 활용이 없으면 결코 무언가를 만들 수 없을 것이다.

▌ 이 책에서 다루는 React 도구

말 그대로 오늘날에는 수백 가지의 React 도구가 있다. 하지만 이 책의 목적은 React 개발을 위한 필수 도구를 다루는 것이다. 사실 이 책에서 배울 도구 리스트가 있더라도 여러분은 어떤 주어진 프로젝트에서 그 모든 도구를 사용하지는 않을 것이다. 이 책의 뒤에서 살펴볼 도구에 관해 간단히 알아보자.

JSX는 자바스크립트로 컴파일돼야 한다

React는 HTML과 유사한 특수 구문을 사용해 컴포넌트를 선언한다. JSX라고 부르는 이 마크업은 자바스크립트 컴포넌트에 삽입돼 브라우저에서 사용하기 전에 먼저 자바스크립트^{JavaScript}로 컴파일돼야 한다.

가장 일반적인 방법은 다음 그림과 같이 JSX 플러그인과 함께 바벨Babel(자바스크립트 컴파일러)을 사용하는 것이다.

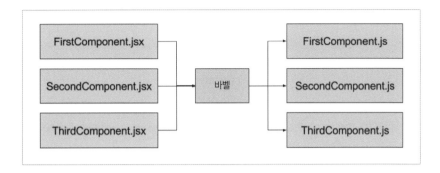

여기서 요령은 이 컴파일 단계를 가능한 한 매끄럽게 만드는 방법을 찾는 것이다. 개발자는 바벨이 만들어낸 자바스크립트 출력에 신경 쓸 필요가 없다.

최신 자바스크립트 언어 기능은 트랜스파일돼야 한다

JSX를 자바스크립트로 컴파일하는 것과 마찬가지로 최신 자바스크립트 언어 기능을 모든 브라우저에서 널리 지원되는 버전으로 컴파일해야 한다. 사실 JSX를 자바스크립트로 컴파일하는 방법을 이해하면 다음 그림과 같이 자바스크립트의 여러 버전 간에 트랜스파일transpile하는 데에도 똑같은 프로세스를 사용한다는 것을 알 수 있다.

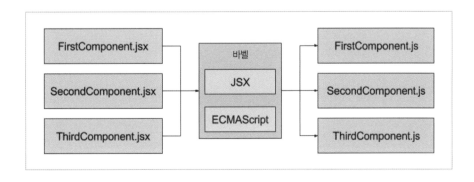

JSX 또는 자바스크립트 컴파일의 변형된 출력에 관해서 신경 쓸 필요가 없다. 이는 도구가 잘 처리해주므로 여러분은 애플리케이션 개발에만 집중하면 된다.

애플리케이션 개발을 가능하게 하는 핫 모듈 로딩

웹 애플리케이션 개발의 독특한 점은 대부분 정적 콘텐츠가 브라우저에 로드된다는 점이다. 브라우저는 HTML을 로드하고 나서 모든 스크립트의 실행을 완료한다. 애플리케이션의 상태에 따라 페이지를 지속적으로 새로 고치는 장기 실행 프로세스가 있다(모든 일은 네트워크를 통해 이루어진다).

알다시피 이런 프로세스는 특히 개발 중에 코드 변경의 결과를 보려고 할 때 불편하게 한다. 여러분은 작업할 때마다 페이지를 수동으로 새로고침하고 싶지 않을 것이다. 핫 모듈 교체^{Hot Module Replacement, HMR}가 필요한 이유가 여기에 있다. HMR은 코드 변경을 리스닝하는 도구이며, 코드 변경을 감지하면 브라우저에 모듈의 새 버전을 보낸다.

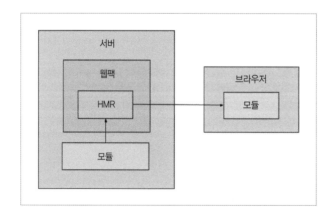

웹팩^{Webpack} 및 웹팩의 HMR 컴포넌트와 같은 도구를 사용하더라도 간단한 React 프로젝트의 경우에서조차 올바르게 설정하려면 시간이 많이 들고 오류가 나기도 쉽다. 고맙게도 오늘날 이들 설정 세부 사항을 대신하는 도구가 존재한다.

단위 테스트 자동 실행

컴포넌트에 관한 테스트를 작성해야 한다는 것을 알고 있을 것이다. 일일이 작성하라는 뜻은 아니다. 즉, 그런 테스트가 실행할 수 있게 설정하는 게 힘들 것이라는 의미에서 한 말이다. Jest 단위 테스트 도구는 다음 그림과 같이 테스트를 찾아서 실행할 수 있는 위치를 파악하므로 이런 설정을 쉽게 해준다.

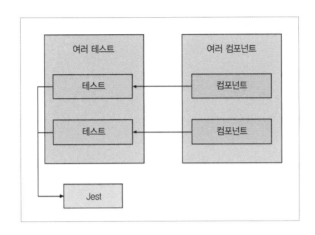

Jest를 사용하면 컴포넌트마다 달라지는 모든 단위 테스트를 한 곳으로 묶을 수 있다. 이 도구는 이들 테스트의 위치와 실행 방법에 관한 정보를 갖게 된다. 따라서 경우에 따라 단위 테스트와 코드 적용 범위가 향상된다. 실제로 테스트를 작성하는 것 외의 불필요한 오버헤드가 없다.

타입 안전성에 관한 고려

자바스크립트는 타입type에 안전한 언어가 아니다. 타입 안전성을 적용할 수 있다면 런타임runtime 에러의 가능성을 제거해 애플리케이션의 품질을 크게 향상시킬 수 있다. 즉, 도구를 사용하면 타입에 안전한 React 애플리케이션을 만들 수 있다. Flow 도구가 바로 그런 일을 하는데 코드를 검사해 타입 애노테이션annotation을 찾아서 에러가 발견되면 알려준다.

코드 품질을 위한 소스 코드 분석

애플리케이션을 작동하게 하는 것은 중요하다. 애플리케이션을 작동하게 하면서 사람들을 피곤하지 않게 하는, 유지 보수 가능한 코드를 작성하는 것도 중요하다. 코드를 측정 가능하게 하려면 에어비앤비^{Airbnb}(https://github.com/airbnb/javascript)와 같은 표준을 채택하는 것이 좋다. 코딩 표준을 적용하는 가장 좋은 방법은 린터^{linter 2}를 사용하는 것이다. React 애플리케이션의 경우 선호되는 소스 코드 분석 도구는 ESLint(https://eslint.org/)다.

컴포넌트 개발 환경 격리

아마도 가장 간과하는 React 개발자 도구는 격리된 컴포넌트 개발에 사용되는 Storybook일 것이다. 이 애플리케이션의 필요성은 컴포넌트 개발에 들어가서야 느끼게 된다. 경우에 따라 컴포넌트의 모양과 자체적으로 작동하는지만 알고 싶을 때가 있다.

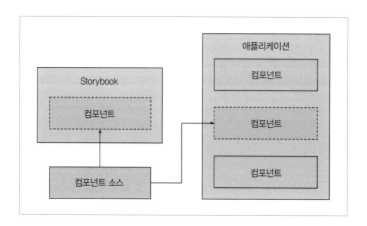

---

2   린트(lint)라고도 하며 소스 코드를 분석하는 도구를 뜻한다. – 옮긴이

Storybook과 같은 도구를 사용하면 다른 컴포넌트로부터 방해받지 않는, 격리된 콘텍스트context를 컴포넌트에 제공하기가 쉽다.

브라우저 기반의 디버깅 환경 제공

경우에 따라서 단위 테스트 결과와 소스 코드를 살펴보는 것만으로 발생한 문제를 파악하기가 어렵다. 그 대신 여러분이 애플리케이션 자체에서 이것저것 실행해보면서 어떤 일이 일어나는지 살펴야 한다. 브라우저에 React 도구를 설치하면 React 컴포넌트가 렌더링rendering되는 HTML 콘텐츠와 관련되므로 React 컴포넌트를 쉽게 검사할 수 있다.

React에는 브라우저 개발자 도구의 기능을 확장하는 내장 성능 모니터링 기능도 있다. 이를 사용해 로우low 레벨에서 컴포넌트를 검사하고 프로파일링profiling[3]할 수 있다.

React 애플리케이션 배포

React 애플리케이션을 배포할 준비가 됐을 때 배포 작업은 빌드를 생성하고 배분하는 것만큼 간단하지 않다. 사실 호스팅 서비스를 구축하는 경우에는 배포하지 않을 수도 있다. 애플리케이션의 최종 활용 사례가 무엇인지에 관계없이 React 프론트엔드frontend 외에도 유동 사항이 여러 개 있을 수 있다. 애플리케이션 스택stack을 구성하는 주요 프로세스들을 다음 그림과 같이 컨테이너에 담는 것이 점점 더 선호되는 접근 방식이다.

---

3   자료를 수집한다는 의미다. – 옮긴이

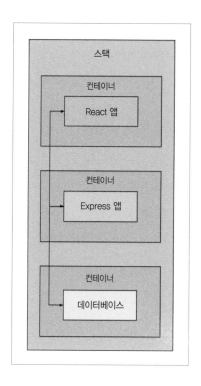

이와 같이 React 애플리케이션 스택을 만들어 배포하려면 Docker와 같은 도구를 사용해야 하며, 특히 프로젝트의 다양한 배포 시나리오를 자동화해야 하는 경우에 그렇다.

▌ 올바른 도구 선택

앞 절의 도구 활용이 단일 프로젝트에 비해 복잡해 보이더라도 걱정하지 말자. 가능한 모든 React 도구를 동시에 활용하려고 하면 실수가 일어나기 마련이다. 한 번에 한 문제씩 해결하면 된다. 프로젝트가 진행되면서 옵션 도구를 추가해 도구 세트를 늘려나가자.

필수 도구

반드시 갖춰야 하는 React 도구들이 있다. 예를 들어, 브라우저는 JSX 구문을 이해하지 못하므로 자바스크립트로 컴파일해야 한다. 코드를 작성할 때 기본적인 실수를 놓치지 않기 위해 린트[lint]를 사용하고 단위 테스트를 실행해야 한다. 고생을 좀 한다면 이들 도구 없이도 가능하다. 그러나 도구를 사용하지 않으면 괜한 수고를 한다는 것이 문제다.

시작하는 김에 진행에 필요한 최소한의 React 도구들을 찾아보자. 진행률이 현저히 떨어지면 도구를 추가로 도입하면 된다.

옵션 도구

옵션 도구란 없어도 괜찮은 도구를 뜻한다. 예를 들어 프로젝트 초기에 타입 안전성을 점검하기 위해 Flow를 사용하거나 Storybook을 사용해 컴포넌트 개발을 격리하는 일은 커다란 이득을 얻기 힘들다.

기억해야 할 핵심 사항은 모든 React 도구가 옵션이라서 어떤 결정도 확정적이 아니라는 것이다. 나중에 언제든지 Flow를 쓸 수 있으며, 격리된 컴포넌트 개발에 맞지 않으면 언제든지 Storybook을 버릴 수도 있다.

▌ 요약

1장에서는 React 생태계에서 도구 활용의 개념을 소개했다. React가 핵심만 갖춘 단순한 라이브러리라는 사실을 알았고, React를 잘 다루려면 현실에서 가치 있는 여러 도구를 사용하면 된다는 것을 배웠다. 프레임워크는 프로젝트에 필요한 도구들을 모두 제공하려고 한다. 편리하긴 하지만 프레임워크 사용자의 요구는 예측하기가 어렵고, 핵심 기능에서 벗어나기도 한다.

다음으로 React 개발자는 올바른 도구를 선택하고 그 구성을 관리해야 하므로 React의 도구 활용이 어려울 수 있다는 점을 배웠다. 그러고 나서 이 책의 뒤에서 자세히 배우게 될 도구 활용의 개요를 알게 됐다. 마지막으로 일부 도구는 React 개발에 중요하며 즉시 설정해야 할 필요가 있음을 배웠다. 그 외의 것은 옵션이며, 나중에 프로젝트에서 필요가 생길 때까지 사용하지 않을 수도 있다.

2장에서는 Create React App 도구를 사용해 React 프로젝트를 부트스트랩[bootstrap4]할 것이다.

---

4   로드하고 초기화하는 과정을 뜻한다. – 옮긴이

02

Create React App으로 React 애플리케이션을 효율적으로 부트스트랩하기

이 책에서 배울 첫 번째 React 도구는 Create React App이다. 이것은 의외로 React 애플리케이션을 만드는 데 도움이 되는 명령행 유틸리티다. 그렇게 큰 도움이 될 것 같지 않게 들릴 수 있겠지만, 이 도구를 사용하면 편리한 구성이 많다. 2장에서는 다음 내용을 배울 것이다.

- 시스템에 Create React App 도구 설치
- React 앱 생성을 부트스트랩하기
- 새 애플리케이션 제작을 위한 패키지 설치
- 디렉터리 구성 및 애플리케이션으로 생성된 파일

▌ Create React App 설치

첫 번째 단계는 Create React App을 설치하는 것인데 이것은 npm 패키지로 **create-react-app**이라고 한다. 이 패키지는 React 프로젝트를 만드는 데 사용되는 명령을 시스템에 설치하므로 글로벌로 설치해야 한다. 즉, **create-react-app**은 실제로 React 프로젝트의 한 부분이 아니다(React 프로젝트를 초기화하는 데 사용된다).

다음은 Create React App을 글로벌로 설치하는 방법이다.

```
$ npm install -g create-react-app
```

위의 명령에서 `-g` 플래그를 확실히 붙인다. 이렇게 하면 `create-reaction-app` 명령이 글로벌로 설치된다. 설치가 완료되면 다음을 실행해 명령이 잘 먹히는지 확인한다.

```
$ create-react-app -V

> 1.4.1
```

이제 이 도구를 사용해 첫 번째 React 앱을 만들 준비가 됐다.

첫 번째 앱 제작

2장의 뒤에서는 Create React App을 사용해 첫 번째 React 애플리케이션 제작을 다룰 것이다. 걱정하지 말자. 이 작업은 아주 쉬우므로 분량이 적은 장이 될 것이다. Create React App의 목표는 가능한 한 빨리 애플리케이션 기능을 만드는 것이다. 시스템 설정에 시간을 허비하면 신속하게 작업할 수 없다.

React Create App은 **제로 구성**[1] 앱^{zero configuration app}을 제공한다. 즉, 앱의 이름만 지정해
놓으면 자동으로 필요한 종속성을 설치하고 상용구^{boilerplate} 디렉터리 구조 및 파일을 생
성한다. 시작해보자.

프로젝트 이름 지정

프로젝트를 부트스트랩할 수 있게 React Create App에 제공해야 하는 설정 값은 이름
뿐이다. 다음과 같이 create-react-app 명령의 인자로 이름을 지정하면 된다.

```
$ create-react-app my-react-app
```

이렇게 하면 현재 디렉터리에 my-react-app 디렉터리가 존재하지 않을 경우 이 디렉터
리가 생성된다. 이미 존재한다면 그 디렉터리를 사용하게 된다. 이 디렉터리 속에 애플
리케이션과 관련된 모든 것이 들어간다. 디렉터리가 생성되면서 패키지 종속성이 설치
되고 프로젝트 디렉터리와 파일이 생성된다. 다음은 create-react-app 명령 출력을 요
약한 것이다.

```
Creating a new React app in 02/my-react-app.
Installing packages. This might take a couple of minutes.
Installing react, react-dom, and react-scripts...
+ react-dom@16.0.0
+ react@16.0.0
+ react-scripts@1.0.14
added 1272 packages in 57.831s
Success! Created my-react-app at 02/my-react-app
Inside that directory, you can run several commands:
  npm start
```

---

1   아무것도 손댈 필요 없다는 뜻이다. – 옮긴이

```
    Starts the development server.
  npm run build
    Bundles the app into static files for production.
  npm test
    Starts the test runner.
  npm run eject
    Removes this tool and copies build dependencies,
    configuration files and scripts into the app directory.
    If you do this, you can't go back!
We suggest that you begin by typing:
  cd my-react-app
  npm start
Happy hacking!
```

이 출력에는 여러 가지 흥미로운 사항들이 있다. 첫째, 어떤 것이 설치됐는지 보여준다. 둘째, 프로젝트에서 사용할 수 있는 명령을 보여준다. 3장부터 이 명령들을 사용하는 방법을 배우게 될 것이다. 지금은 방금 생성한 프로젝트를 살펴보고 어떤 것들이 들어 있는지 알아보자.

자동 종속성 처리

부트스트랩 프로세스의 한 부분으로 설치된 종속성에 관해 살펴보자. npm ls --depth=0 을 실행해 프로젝트 패키지를 나열할 수 있다. --depth=0 옵션을 사용하면 다음과 같이 최상위 레벨의 종속성만 보여준다.

```
├── react@16.0.0
├── react-dom@16.0.0
└── react-scripts@1.0.14
```

여기에는 별게 없으며, 그저 필수 핵심 React 라이브러리 2개와 react-scripts라는 것만 있다. 맨 나중 패키지에는 개발 서버 시작 및 프로덕션 빌드 제작과 같은 이 프로젝트에서 실행할 스크립트가 들어 있다.

다음으로 React Create App이 생성한 `package.json` 파일을 살펴보자.

```json
{
  "name": "my-react-app",
  "version": "0.1.0",
  "private": true,
  "dependencies": {
    "react": "^16.0.0",
    "react-dom": "^16.0.0",
    "react-scripts": "1.0.14"
  },
  "scripts": {
    "start": "react-scripts start",
    "build": "react-scripts build",
    "test": "react-scripts test --env=jsdom",
    "eject": "react-scripts eject"
  }
}
```

여기는 종속 관계를 추적하는 곳이므로 이를 통해 Create React App이 없는 다른 머신에 여러분의 애플리케이션을 설치할 수 있다. dependencies는 npm ls --depth=0 명령의 출력과 일치한다는 것을 알 수 있다. scripts에서는 이 프로젝트에서 사용할 수 있는 명령을 지정한다. 이것들은 모두 react-scripts 명령이다(react-scripts는 종속으로 설치된다).

React Create App의 강력한 측면 중 하나는 이 `package.json` 구성을 단순하게 만든다는 것이다. 수십 가지 종속성 대신에 소수의 종속성만 갖춘다. react-scripts 패키지는 동적 구성도 처리한다.

예를 들어 React 개발 서버를 실행할 때 일반적으로 웹팩 설정을 건드리고 적절한 바벨 플러그인이 설치됐는지 확인하는 데 많은 시간을 보내야 한다. react-scripts는 이러한 것들에 관한 표준 구성을 즉석에서 생성하므로 걱정할 필요 없다. 애플리케이션 코드 작성을 바로 시작할 수 있다.

react-scripts 패키지는 보통 여러분이 스스로 처리해야 하는 많은 종속성을 처리한다. npm ls --depth=1을 사용하면 다음과 같이 이 패키지가 어떤 종속성을 제공하는지 알 수 있다.

```
└─┬ react-scripts@1.0.14
  ├── autoprefixer@7.1.2
  ├── babel-core@6.25.0
  ├── babel-eslint@7.2.3
  ├── babel-jest@20.0.3
  ├── babel-loader@7.1.1
  ├── babel-preset-react-app@3.0.3
  ├── babel-runtime@6.26.0
  ├── case-sensitive-paths-webpack-plugin@2.1.1
  ├── chalk@1.1.3
  ├── css-loader@0.28.4
  ├── dotenv@4.0.0
  ├── eslint@4.4.1
  ├── eslint-config-react-app@2.0.1
  ├── eslint-loader@1.9.0
  ├── eslint-plugin-flowtype@2.35.0
  ├── eslint-plugin-import@2.7.0
  ├── eslint-plugin-jsx-a11y@5.1.1
  ├── eslint-plugin-react@7.1.0
  ├── extract-text-webpack-plugin@3.0.0
  ├── file-loader@0.11.2
  ├── fs-extra@3.0.1
  ├── fsevents@1.1.2
  ├── html-webpack-plugin@2.29.0
  ├── jest@20.0.4
```

```
├── object-assign@4.1.1 deduped
├── postcss-flexbugs-fixes@3.2.0
├── postcss-loader@2.0.6
├── promise@8.0.1
├── react-dev-utils@4.1.0
├── style-loader@0.18.2
├── sw-precache-webpack-plugin@0.11.4
├── url-loader@0.5.9
├── webpack@3.5.1
├── webpack-dev-server@2.8.2
├── webpack-manifest-plugin@1.2.1
└── whatwg-fetch@2.0.3
```

대체로 애플리케이션 코드에서는 이들 패키지 대부분과 상호 작용하지 않는다. 직접 사용하지도 않는 종속성을 일일이 관리해야 한다면 괜히 시간을 헛되이 보내는 것처럼 느낄 수 있다. React Create App은 바로 이런 느낌을 없애준다.

디렉터리 구조

이제 React Create App을 사용해 프로젝트를 생성할 때 프로젝트의 일부분으로 설치된 종속성을 알게 됐다. 종속성 외에도 Create React App은 다른 상용구 파일과 디렉터리를 설정한다. 3장에서 코딩을 시작할 수 있도록 빨리 넘어가보자.

최상위 파일

신경 써야 할 것은 애플리케이션의 최상위 레벨에 생성된 파일 2개다.

- README.md: 이 마크다운^{Markdown} 파일은 프로젝트를 설명하는 데 사용된다. 프로젝트가 존재하는 이유와 사람들이 프로젝트를 어떻게 시작할 수 있는지를 설명하는 좋은 장소이며, 특히 여러분의 앱을 깃허브 프로젝트로 만들 계획이라면 더욱 그렇다.

- **package.json**: 이 파일은 애플리케이션을 npm 패키지로 배포하는 모든 측면을 구성하는 데 사용된다. 예를 들어 여기에서 새로운 종속성을 추가하거나 쓸모 없는 종속성을 제거할 수 있다. 이 파일은 앱을 메인 npm 레지스트리에 게시할 경우에 중요하다.

정적 자산

React Create App은 몇 개의 파일이 들어 있는 public 디렉터리를 생성한다. 이 디렉터리 내에 정적 애플리케이션 자산이 있다. 여기에는 기본적으로 다음 파일이 들어간다.

- **favion.ico**: 브라우저 탭에 표시되는 React 로고다. 배포 전에 여러분의 애플리케이션을 대표하는 것으로 바꾸면 된다.
- **index.html**: 브라우저에 나타낼 파일이며, React 애플리케이션의 진입점으로 제공되는 HTML 파일이다.
- **manifest.json**: 일부 모바일 운영체제에서 애플리케이션이 홈 화면에 추가될 때 사용된다.

소스 코드

create-react-app이 생성한 src 디렉터리는 애플리케이션에서 가장 중요하다. 여기는 여러분이 만드는 모든 React 컴포넌트를 두는 곳이다. 이 디렉터리에는 이미 약간의 소스 파일이 들어 있지만, 앞으로 진행해 가면서 대다수의 파일을 대체할 것이다. 기본적으로 존재하는 파일은 다음과 같다.

- **App.css**: App 컴포넌트의 스타일을 지정하는 간단한 CSS를 정의한다.
- **App.js**: 애플리케이션 HTML을 렌더링하는 기본 컴포넌트다.
- **App.test.js**: App 컴포넌트에 관해 기본적인 테스트를 한다.
- **index.css**: 애플리케이션 전체 스타일을 정의한다.

- index.js: 애플리케이션의 진입점이다(App 컴포넌트를 렌더링한다).
- logo.svg: App 컴포넌트가 렌더링하는 애니메이션 React 로고다.
- registerServiceWorker.js: 생산 빌드에서 이 파일을 이용해 오프라인 캐시로부터 컴포넌트를 로드할 수 있다.

이렇게 기본 소스 파일들을 두는 것에는 두 가지 이점이 있다. 첫째, 모든 것이 잘 돌아가고 여러분이 기본적인 실수를 저지르지 않은 애플리케이션을 신속하게 시작할 수 있다. 둘째, 여러분이 컴포넌트에서 따라야 하는 기본 패턴을 설정한다. 이 책을 통해 컴포넌트에 패턴을 적용하다보면 실제로 도구 활용에 어떻게 도움이 되는지 알게 될 것이다.

▌ 요약

2장에서는 시스템에 React Create App 도구를 설치하는 방법을 배웠다. Create React App은 최신 React 애플리케이션을 부트스트랩하기 위한 도구다. Create React App의 목표는 개발자가 아무것도 없는 상태에서 최소한의 시간을 들여 React 컴포넌트를 만드는 것이다.

이 도구를 설치한 후 이를 사용해 첫 번째 React 앱을 만들었다. 제공한 설정은 애플리케이션 이름뿐이었다. 이 도구가 종속성을 설치하고 상용구 파일 및 디렉터리 생성을 완료하면 코드 작성을 시작할 준비가 된 것이다.

그런 다음 react-scripts와 이 패키지가 여러분을 대신해 처리하는 종속성을 살펴보았다. 그리고 나서 생성된 애플리케이션의 전반적인 구조를 대략적으로 훑었다.

3장에서는 몇 가지 React 컴포넌트를 개발할 것이다. 그러기 위해 개발 서버를 가동시킬 것이다. 또한 create-react-app 개발 환경을 시작하고 실행하는 방법도 배울 것이다.

03

개발 모드와
핫 리로딩 마스터하기

2장에서는 create-react-app 사용법을 배웠다. 이것은 React 도구 활용 여행의 시작일 뿐이다. create-react-app을 사용해 애플리케이션을 부트스트랩함으로써 여러분은 개발에 사용되는 다른 도구를 많이 설치할 것이다. 이들 도구는 react-scripts 패키지의 일부다. 3장에서는 react-scripts와 함께 제공되는 개발 서버에 초점을 맞출 것이며, 다음 사항을 다룰 것이다.

- 개발 서버 시작
- 자동 웹팩 구성
- 핫 컴포넌트 리로딩reloading 사용

▌ 개발 서버 시작

2장에서 create-react-app 도구를 사용해 React 애플리케이션을 생성했다면 개발 서버를 시작하는 데 필요한 모든 것을 갖춘 셈이다. 어떤 설정도 필요하지 않다. 지금 바로 시작하자. 먼저 다음 명령으로 프로젝트 디렉터리에 들어간다.

```
cd my-react-app/
```

이제 다음과 같이 개발 서버를 시작할 수 있다.

```
npm start
```

그러면 react-scripts 패키지의 start 스크립트를 사용해 개발 서버가 시작된다. 다음과 같은 콘솔 출력이 나타나야 한다.

```
Compiled successfully!
You can now view my-react-app in the browser.
  Local:            http://localhost:3000/
  On Your Network:  http://192.168.86.101:3000/
Note that the development build is not optimized.
To create a production build, use npm run build.
```

콘솔에 이런 출력을 나타내는 것 외에도 이 스크립트는 브라우저에 http://localhost: 3000/ 주소의 새 탭을 실행할 것이다. 표시되는 페이지는 다음과 같다.

단 2개의 장만으로 큰 성과를 거두었다. 했던 일을 멈추고 되짚어보자.

1. create-react-app 패키지를 사용해 새 React 애플리케이션을 만들었다.
2. 기본 프로젝트 구조와 렌더링할 App 컴포넌트를 갖췄다.
3. 개발 서버를 시작했으므로 이제 React 컴포넌트를 빌드할 준비가 됐다.

create-react-app과 react-scripts 없이 여기까지 하려면 대체로 몇 시간이 걸릴 것이다. 이제 개발 준비 작업에 시간을 낭비하지 않아도 된다. 많은 부분을 자동화했다.

웹팩 구성

웹팩은 최신 웹 애플리케이션을 만들기 위한 도구다. 이것은 아주 강력해서 JSX 구문에서부터 정적 이미지에 이르기까지 모든 것을 배포 준비가 된 묶음으로 컴파일할 수 있다. 또한 개발 서버와 함께 제공된다. 가장 큰 단점은 복잡하다는 것이다. 웹팩을 설치하기 위해 설정해야 하는 유동 부분이 많지만, 어떤 것도 건드리지 않아도 된다. 이는 어느 한 React 앱에 관한 웹팩 설정 값이 대부분의 React 앱에 관한 값과 같기 때문이다.

개발 서버에서 설정할 곳은 두 군데다. 먼저 웹팩 개발 서버 자체가 있다. 그 다음으로는 웹팩 개발 서버를 사용하지 않을 경우에 필요한 메인 웹팩 설정이 있다. 그렇다면 이런 설정 파일들은 어디에 있을까? 그것들은 react-scripts 패키지의 일부분으로 들어가 있는데, 말하자면 신경 쓸 필요 없다는 뜻이다.

피할 수 있는 불필요한 골칫거리를 잘 알 수 있도록 이러한 설정 값 중 일부를 살펴보자.

진입점

진입점entry point은 애플리케이션 빌드를 위한 모듈을 찾는 시작 위치를 웹팩에게 알려주는 데 사용된다. 간단한 애플리케이션에서는 여러 파일을 진입점으로 사용할 필요 없다. 예를 들어 여러분의 루트 React 컴포넌트를 렌더링하는 데 index.js 파일을 진입점으로 사용하게 된다. 메인 프로그램을 진입점으로 여기기도 하는데, 이는 다른 프로그래밍 언어에서 쓰이는 용어를 가져다 쓴 것이다.

react-scripts 패키지는 start 스크립트를 실행할 때 소스 폴더에서 index.js 파일을 찾는다. 또한 다음과 같이 다른 진입점들도 추가한다.

- Promise, fetch( ), Object.assign( )에 관한 폴리필Polyfills/ 이들은 대상 브라우저에 아직 존재하지 않는 경우에만 사용된다.
- 핫 모듈 리로딩를 위한 클라이언트

위의 두 진입점은 React 개발에 유용하지만, 프로젝트를 시작할 때 고려해야 할 사항은 아니다.

빌드 출력

웹팩의 역할은 애플리케이션 자원을 웹에서 쉽게 제공할 수 있도록 묶는 것(번들)이다. 즉 출력 경로와 파일로 시작해서 출력 묶음과 관련된 여러 사항을 설정해야 한다는 뜻이다. 웹팩 개발 서버는 빌드가 자주 발생할 것으로 가정하므로 실제로 번들 파일을 디스크에 생성하지 않는다. 즉 결과로 나오는 번들은 메모리에 보관된다. 이를 염두에 둬야 하지만, 그래도 메인 출력 경로를 설정해야 하는 이유는 웹팩 개발 서버가 메모리에 올려 놓은 파일을 실제 파일인 것처럼 브라우저에 제공하기 때문이다.

메인 출력 위치 외에 청크 파일 이름과 파일 제공에 사용되는 public 경로를 설정할 수도 있다. 청크^{chunk}란 하나의 번들 파일이 너무 크면 성능 문제를 일으키므로 이를 피하기 위한 작은 조각의 묶음이다. 잠깐, 이게 무슨 말인가? 애플리케이션용 컴포넌트 하나를 구현하기도 전에 성능과 자원 제공에 사용되는 경로를 신경 쓰라고? 이것은 프로젝트의 현재 시점에서는 완전히 불필요하다. 그러니 걱정하지 말자. react-scripts는 여러분이 다룰 필요가 없는 출력을 알아서 설정해 제공한다.

입력 파일 해결

웹팩의 핵심 강점 중 하나는 묶어야 하는 모듈들의 리스트를 웹팩에 제공할 필요 없다는 것이다. 웹팩 설정에서 진입점을 지정하면 애플리케이션에 필요한 모듈을 파악하고 그에 따라 모듈을 묶을 수 있다. 말할 필요도 없이 이 일은 복잡하지만 웹팩이 여러분을 위해 대신해준다.

예를 들어 resolve 설정은 웹팩에게 어느 파일 확장자를 고려해야 하는지를 알려준다 (예, .js 또는 .jsx). 또한 패키지 모듈을 찾을 위치도 웹팩에게 알린다. 이것들은 여러분이 작성하지 않았고 애플리케이션의 일부분도 아닌 모듈들이다. 이들은 대체로 프로젝트의 node_modules 디렉터리에 있는 npm 패키지들이다.

모듈에 관한 별칭 만들기 및 리졸버^{resolver} 플러그인 사용과 같은 고급 옵션도 있다. 또다시 언급하지만, 여러분은 어떤 React 코드를 작성하기에 앞서 이러한 것들 중 어느 것도 여러분과 직접적인 관련이 없지만 컴포넌트를 개발하기 위해서는 설정해야 한다. 물론 react-scripts를 사용하면 이 설정을 알아서 처리해준다.

파일 로드와 컴파일

번들용 파일 로드 및 컴파일은 아마도 웹팩의 가장 중요한 기능일 것이다. 흥미롭게
도 웹팩은 로드된 파일을 직접 처리하지 않는다. 대신 웹팩 로더 플러그인을 통과할 때
I/O를 조정한다. 예를 들어 react-scripts가 사용하는 웹팩 설정은 다음 로더 플러그
인을 사용한다.

- **Babel**: 바벨 로더는 애플리케이션의 소스 파일에 있는 자바스크립트를 모든 브
  라우저에서 이해할 수 있는 자바스크립트로 변환한다. Babel은 JSX 구문을 일
  반 자바스크립트로 컴파일하는 일을 처리한다.
- **CSS**: react-scripts가 사용하며 CSS 출력을 내는 2개의 로더가 있다.
  - style-loader: import 구문을 사용해 자바스크립트 모듈과 같은 CSS 모듈
    을 가져온다.
  - postcss-loader: 모듈, 함수, 사용자 정의 프로퍼티와 같은 향상된 CSS
    기능.
- **Images**: 자바스크립트 또는 CSS가 임포트한 이미지는 url-loader를 사용해 번
  들링된다.

애플리케이션이 완성해 감에 따라 react-scripts 기본 설정에 있지 않는 다양한 타입
의 자산[asset]을 로드하고 번들할 필요가 생길 것이다. 하지만 프로젝트 초기에는 이런 사
항에 관해 신경 쓸 필요 없으므로 웹 로더를 설정하는 데 시간 낭비하지 않아도 된다.

플러그인 설정

웹팩 구성에 추가할 수 있는 플러그인의 리스트는 무한한다. 그것들 중 일부는 개발에
정말 유용하므로 먼저 이들 플러그인을 구성해 놓아야 한다. 프로젝트가 완성될 때까지
다른 것들은 유용하지 않을 수도 있다. react-scripts가 사용하는 플러그인은 완벽한
React 개발 경험을 제공한다.

핫 리로딩

핫 모듈 리로딩^{hot module reloading} 메커니즘을 사용하려면 메인 웹팩 번들 구성 파일뿐만 아니라 개발 서버 구성 파일 모두에서 설정해야 한다. 이 작업은 컴포넌트 개발을 시작하자마자 하는 것이지만, 시간을 낭비하지 않을 또 다른 예가 된다. react-scripts의 start 명령을 사용하면 핫 리로딩이 설정되고, 가동 준비가 된 웹팩 개발 서버를 시작한다.

핫 컴포넌트 리로딩 가동

3장의 앞쪽에서는 react-scripts 개발 서버를 시작하는 방법을 배웠다. 이러한 개발 서버는 핫 모듈 리로딩이 설정되고 사용 준비가 된 것이다. 여러분이 할 일은 컴포넌트 코드를 작성하는 것뿐이다.

다음의 Heading 컴포넌트를 구현하는 것으로 시작해보자.

```
import React from 'react';

const Heading = ({ children }) => (
  <h1>{children}</h1>
);

export default Heading;
```

이 컴포넌트는 <h1> 태그로 자식 텍스트를 렌더링한다. 아주 쉽지 않은가? 이제 Heading을 사용하도록 다음과 같이 App 컴포넌트를 변경한다.

```
import React, { Component } from 'react';
import './App.css';
import Heading from './Heading';
```

```
class App extends Component {
  render() {
    return (
      <div className="App">
        <Heading>
          My App
        </Heading>
      </div>
    );
  }
}

export default App;
```

그러면 다음과 같이 보일 것이다.

Heading 컴포넌트는 예상대로 렌더링된다. 처음으로 브라우저에 여러분 자신의 애플리케이션을 로드해 보았으므로 이제 핫 리로딩 메커니즘을 적용할 차례다. 이 헤딩의 제목을 다음과 같이 변경해보자.

```
<Heading>
  My App Heading
</Heading>
```

코드 편집기에서 저장을 하자마자 웹팩 개발 서버는 변경이 발생한 것을 감지하며, 새 코드를 컴파일하고 번들해서 브라우저로 보낸다. react-scripts가 웹팩 구성을 담당했으므로 브라우저로 바로 가보면 변경 사항을 볼 수 있다.

이렇게 하면 개발 속도가 빨라진다. 사실 이미 그렇게 됐고 방금 목격했다. React 요소의 텍스트를 변경하고 즉시 그 결과를 보았다. 웹팩 구성을 중심으로 이런 인프라를 구축하는 데 몇 시간을 보낼 수 있었지만, 거의 모든 React 개발 구성이 동일한 탓에 react-scripts가 제공하는 구성을 재사용했으므로 그렇게 하지 않아도 됐다. 시간이 흐르면서 달라지겠지만 컴포넌트가 없는 초기 프로젝트는 아주 비슷하다. 그 덕에 지금까지 진행이 순조롭다.

이제 다른 것을 시도해보자. 상태가 있는 컴포넌트를 추가하고 이를 변경하면 어떤 일이 발생하는지 알아보자. 다음은 클릭 수를 추적하는 간단한 버튼 컴포넌트다.

```
import React, { Component } from 'react';

class Button extends Component {
  style = {}

  state = {
    count: 0
  }
```

```
onClick = () => this.setState(state => ({
  count: state.count + 1
}));

render() {
  const { count } = this.state;
  const {
    onClick,
    style
  } = this;

  return (
    <button {...{ onClick, style }}>
      Clicks: {count}
    </button>
  );
}
}

export default Button;
```

이 컴포넌트로 어떤 일이 일어나는지 살펴보자.

1. style 객체가 있지만 어떠한 프로퍼티도 없으므로 아무 효과가 없다.
2. 버튼을 클릭할 때마다 증가하는 count 상태가 있다.
3. onClick() 처리기는 새 count 상태를 설정하고 이전 count 상태를 1씩 증가시킨다.
4. render() 메소드는 onClick 처리기와 style 프로퍼티로 <button> 요소를 렌더링한다.

이 버튼을 클릭하면 새로운 상태가 된다. 이것이 핫 모듈 로딩으로 어떻게 작동할까? 그것을 시도해보자. App 컴포넌트에서 다음과 같이 이 Button 컴포넌트를 렌더링한다.

```
import React, { Component } from 'react';
import './App.css';
import Heading from './Heading';
import Button from './Button';

class App extends Component {
  render() {
    return (
      <div className="App">
        <Heading>
          My App Heading
        </Heading>
        <Button/>
      </div>
    );
  }
}

export default App;
```

이 UI를 로드하면 다음과 같이 보일 것이다.

버튼을 클릭하면 count 상태가 1씩 증가할 것이다. 여러 번 클릭해보면 렌더링된 버튼 레이블이 계속 변하면서 다음 그림과 같이 새 상태를 반영한다.

이제 버튼의 스타일을 변경해보자. 텍스트를 굵게 나타낼 것이다.

```
class Button extends Component {
  style = { fontWeight: 'bold' }

  ...

  render() {
    const { count } = this.state;
    const {
      onClick,
      style
    } = this;

    return (
      <button {...{ onClick, style }}>
        Clicks: {count}
      </button>
    );
  }
}

export default Button;
```

핫 모듈 메커니즘은 예상대로 작동하지만, 한 가지 중요한 차이점이 있다. 즉 다음 그림과 같이 Button 컴포넌트의 상태가 초기 상태로 되돌아왔다.

My App Heading

Clicks: 0

이는 Button.js 모듈이 교체될 때 기존 컴포넌트 인스턴스가 마운트 해제된 후 새 인스턴스로 교체되기 때문이다. 컴포넌트의 상태는 컴포넌트 자체와 함께 사라져버린다.

이에 관한 해결책은 React Hot Loader 도구를 사용하는 것이다. 이 도구는 구현한 것이 업데이트될 때 컴포넌트를 마운트된 상태로 유지한다. 상태가 계속 지속된다는 뜻이다. 어떤 경우에는 이 점은 매우 도움이 될 수 있다. 여러분은 시작한 지 얼마되지 않았는데 이것까지 필요할까? 아마도 필요하지 않을 것이다(시작하기에는 상태를 유지하지 않는 핫 모듈 리로딩이 좋다).

Create React App에서 벗어나기

create-react-app 및 react-scripts의 목표는 제로 구성의 React 개발이다. 개발 상용구 설정에 들이는 시간을 줄일수록 컴포넌트 개발에 투여할 시간은 많아진다. 가능한 한 앱을 설정하는 것에 신경이 가지 않게 해야 한다. 그러나 어느 시점에서는 create-react-app에서 벗어나서 자신만의 구성을 유지해야 한다.

create-react-app이 많은 기본값과 제한 사항을 미리 가정해서 설정해놓기 때문에 제로 구성 환경을 제공하는 것이 가능하다. 이른바 절충해놓은 것이다. React 개발자가 해야 하지만 하고 싶지 않은 대부분의 것들에 관해 적절한 기본값을 제공함으로써 개발자는 선택의 여지가 생긴다. 이것은 좋은 일이다(애플리케이션 개발 초기에 결정을 내리면 생산성이 향상된다).

React 컴포넌트 핫 로딩hot loading은 create-react-app의 한계를 보여주는 좋은 예다. 프로젝트 초기에는 컴포넌트 핫 로딩이 필요하지 않으므로 create-react-app이 제공하는 구성에는 들어 있지 않다. 그러나 상황이 복잡해짐에 따라 현재 상태를 방해하지 않고 컴포넌트의 문제를 해결할 수 있어야 한다. 프로젝트의 그 시점에서 create-react-app 은 그 목적을 다했으므로 퇴출할 시간이 된 것이다.

create-react-app에서 벗어나려면 다음과 같이 eject 스크립트를 실행한다.

---

npm run eject

되돌릴 수 없으므로 이 행위를 확인하는 메시지가 나타날 것이다. 이 시점에서 프로젝트를 포기하기 전까지는 create-react-app에서 벗어나면 안 된다. 일단 create-react-app에서 빠져나오면 모든 스크립트와 보이지 않게 숨겨졌던 모든 설정을 직접 관리해야 한다는 점을 기억하자.

다행스러운 것은 벗어나기 프로세스의 일부분이 프로젝트의 스크립트 및 구성 값 설정과 관련돼 있어 알아보기가 용이하다는 것이다. 이러한 것들은 본래 react-scripts가 내부적으로 사용하는 것과 같다. 단, 이제는 이들 스크립트와 설정 파일이 프로젝트 디렉터리에 복사돼 유지 관리된다. 예를 들어 벗어난 후에는 다음 파일들이 있는 scripts 디렉터리가 보일 것이다.

- build.js
- start.js
- test.js

package.json을 살펴보면 npm을 사용해 호출하는 스크립트가 이제 react-scripts 패키지를 참조하지 않고 로컬 스크립트를 참조하는 것을 알 수 있다. 또한 이들 스크립트는 eject를 실행할 때 생성된 config 디렉터리에 있는 파일들을 사용한다. 다음은 여기에 들어 있는 웹팩 관련 설정 파일이다.

- webpack.config.dev.js

- webpack.config.prod.js
- webpackDevServer.config.js

이 파일들은 react-scripts 패키지에서 복사된다는 것을 기억하자. 간단히 말해 벗어나기란 한때 숨겨졌던 모든 것을 이제 여러분이 직접 제어한다는 뜻이다. 설정하는 방법은 여전히 똑같으며 변경하기 전까지 그대로 유지된다.

예를 들어 컴포넌트 상태를 유지하기 위해 React에 관한 핫 모듈 교체가 필요하다고 하자. create-react-app에서 벗어났으므로 react-hot-loader 도구를 사용하는 데 필요한 것을 설정할 수 있다. 다음과 같이 종속성을 설치하는 것으로 시작해보자.

```
npm install react-hot-loader --save-dev
```

그런 다음 react-hot-loader를 사용할 수 있게 webpack.config.dev.js 파일을 업데이트하자. 벗어나기 전에는 이렇게 구성하기가 불가능했을 것이다. 업데이트해야 할 것은 다음과 같이 두 가지다.

1. 먼저 entry 영역에서 다음 행을 찾는다.

```
require.resolve('react-dev-utils/webpackHotDevClient'),
```

2. 이것을 다음 두 행으로 대체한다.

```
require.resolve('webpack-dev-server/client') + '?/',
require.resolve('webpack/hot/dev-server'),
```

3. 다음으로 웹팩 구성의 module 영역에 react-hot-loader를 추가해야 한다. 다음 객체를 찾는다.

```
{
  test: /\.(js|jsx|mjs)$/,
  include: paths.appSrc,
  loader: require.resolve('babel-loader'),
  options: {
    cacheDirectory: true,
  },
}
```

4. 다음으로 교체한다.

```
{
  test: /\.(js|jsx|mjs)$/,
  include: paths.appSrc,
  use: [
    require.resolve('react-hot-loader/webpack'),
    {
      loader: require.resolve('babel-loader'),
      options: {
        cacheDirectory: true,
      },
    }
  ]
},
```

여기서 여러분이 할 일은 로더의 배열을 전달할 수 있게 loader 옵션을 use 옵션으로 변경하는 것뿐이다. 여러분이 사용하고 있었던 babel-loader는 그대로 유지된다. 그러나 이제 react-hot-loader/webpack를 추가했다. 이 도구는 소스가 변경될 때 즉 React 컴포넌트를 바로 교체해야 할 때를 감지할 수 있다.

개발 웹팩 구성으로 변경해야 할 것은 이게 전부다. 다음으로 루트 React 컴포넌트가 렌더링되는 방식을 변경해야 한다. index.js는 다음과 같이 돼 있을 것이다.

```
import React from 'react';
import ReactDOM from 'react-dom';
import './index.css';
import App from './App';
import egisterServiceWorker from './registerServiceWorker';

ReactDOM.render(<App />, document.getElementById('root'));
registerServiceWorker();
```

핫 컴포넌트 교체를 가능하게 하려면 index.js를 다음과 같이 변경하면 된다.

```
import 'react-hot-loader/patch';
import React from 'react';
import ReactDOM from 'react-dom';
import { AppContainer } from 'react-hot-loader';

import './index.css';
import App from './App';
import registerServiceWorker from './registerServiceWorker';

const render = Component => {
  ReactDOM.render(
    <AppContainer>
      <Component />
    </AppContainer>,
    document.getElementById('root')
  )
};

render(App);

if (module.hot) {
  module.hot.accept('./App', () => {
    render(App);
```

```
  });
}

registerServiceWorker();
```

방금 추가한 내용을 정리해보자.

1. `import 'react-hot-loader/patch'` 문은 react-hot-loader 메커니즘을 부트 스트랩하는 데 필요하다.
2. 렌더링할 컴포넌트를 허용하는 `render()` 함수를 만들었다. 그 컴포넌트는 react-hot-loader의 AppContainer 컴포넌트로 감싸여지는데, AppContainer 컴포넌트는 핫 로딩과 관련된 변경 사항을 처리한다.
3. `render(App)`에 관한 첫 번째 호출로 애플리케이션을 렌더링한다.
4. `module.hot.accept()` 호출에서는 컴포넌트의 새 버전이 도착할 때 App 컴포넌 트를 렌더링하는 콜백 함수를 설정한다.

이제 앱이 최신 React 컴포넌트 업데이트를 받을 준비가 됐다. 소스가 변경되면 항상 업 데이트를 받을 수 있었지만, 3장의 앞에서 설명했다시피 이 업데이트는 컴포넌트의 모 든 상태를 지우고 나서 컴포넌트를 다시 렌더링한다. react-hot-loader를 장착했으므 로 컴포넌트의 상태는 계속 유지하게 된다. 시도해 보자.

일단 UI를 로드했으면 버튼을 몇 번 클릭해 상태를 변경한다. 그런 다음, 글꼴을 굵게 나타내기 위해 다음과 같이 style 상수를 변경한다.

```
const style = {
  fontWeight: 'bold'
};
```

이 파일을 저장하면 버튼 컴포넌트가 업데이트되었다는 것을 알 수 있다. 무엇보다도 상태는 변하지 않았다. 버튼을 두 번 클릭하면 다음과 같이 보일 것이다.

My App Heading

Clicks: 2

이것은 버튼 하나만 있는 간단한 예제였다. 그러나 create-react-app에서 벗어나서 만든 설정, 개발 웹팩 구성 조정, App 컴포넌트가 렌더링되는 방식의 변경은 여러분이 앞으로 만들 모든 컴포넌트에서 핫 컴포넌트 로딩을 지원할 수 있다.

react-hot-loader 패키지를 프로젝트에 추가하는 것은 create-react-app에서 벗어나서 구성을 조정할 필요가 있을 경우의 한 예에 불과하다. 가급적 바꾸지 말 것을 당부한다. create-react-app이 제공하는 구성을 변경할 때는 특정 목표를 가지고 있어야한다. 즉 create-react-app이 해놓은 모든 작업을 버리지 말라는 뜻이다.

▌ 요약

3장에서는 create-react-app으로 만든 프로젝트의 개발 서버를 시작하는 방법을 배웠다. 그런 다음 react-scripts 패키지에는 개발 서버를 시작할 때 사용하는 자체 웹팩 구성이 들어 있는 것을 알게 됐다. 애플리케이션을 작성할 때 반드시 고려할 필요가 없는 구성의 핵심 영역을 검토했다.

마지막으로 핫 모듈 리로딩이 실제로 작동하는 것을 보았다. 소스를 변경하면 react-scripts는 즉시 앱을 리로딩한다. 그러면 페이지를 새로고침하게 되며 이는 출발로 삼기에 아주 좋다. 그리고 나서 이 방법을 사용해 컴포넌트를 개발할 때 발생할 수 있는 잠재적인 문제점을 살펴보았는데, 그 이유는 컴포넌트가 존재했던 모든 상태가 업데이트 후에는 사라지기 때문이다. 따라서 create-react-app에서 벗어나 프로젝트의 웹팩 구성을 사용자 정의해서 상태를 유지하는 핫 컴포넌트 리로딩을 지원하게 했다.

4장에서는 React 애플리케이션의 단위 테스트를 지원하는 도구로 작업할 것이다.

04

테스트 지향 React
개발 최적화

아마도 React 생태계에서 가장 중요한 도구 중 하나는 Jest(React 컴포넌트를 테스트하기 위한 테스트 러너 및 단위 테스트 라이브러리)일 것이다. Jest는 재스민Jasmine과 같은 다른 테스트 프레임워크에서 직면한 문제를 극복하기 위해 개발됐으며, React 개발을 염두에 두고 만들어졌다. Jest와 같은 강력한 테스트 도구를 사용하면 단위 테스트로 React 컴포넌트의 디자인에 좋은 영향을 줄 수 있다. 4장에서는 다음 내용을 배울 것이다.

- Jest의 전반적인 디자인 철학과 이것이 React 개발자에게 주는 의미
- create-react-app 환경과 단독형 React 환경에서 Jest 단위 테스트 실행
- Jest API를 사용해 효과적인 단위 테스트 및 스위트 작성하기
- 코드 편집기에서 Jest 단위 테스트를 실행하고 테스트를 개발 서버에 통합하기

Jest의 지향 철학

3장에서는 React 애플리케이션을 쉽게 개발할 수 있도록 create-react-app 도구가 만들어졌다는 것을 배웠다. 이를 통해 초기 구성을 없앤다(컴포넌트를 바로 만들 수 있다). Jest는 같은 목적을 염두에 두고 만들어졌으므로 테스트 작성을 시작하기 위해 일반적으로 작성해야 하는 초기 상용구를 없앤다. Jest는 초기 단위 테스트 컴포넌트를 없애는 것 외에도 다른 비장의 수가 있다. Jest로 테스트의 추진 원리들을 살펴보자.

애플리케이션 코드를 제외한 모든 것 흉내내기

프로젝트에서 맨 끝으로 해야 할 일로는 다른 사람의 코드를 테스트하는 것이 가장 좋다. 그러나 때로는 반드시 해야만 하는 일이기도 하다. 예를 들어 일부 HTTP API에 관해 fetch( ) 호출을 하는 함수를 테스트한다고 하자. 또 다른 예로는 React 컴포넌트의 상태를 설정하고 조작하는 데 도움이 되는 라이브러리들을 그 컴포넌트가 사용한다고 하자.

이 두 예제 모두에서는 단위 테스트가 실행될 때 실행 상태에 있어야 할 코드가 아직 구현되지 않았을 수 있다. 그렇다고 HTTP를 통해 외부 시스템을 끌어들이기도 여의치 않다. 따라서 컴포넌트의 상태가 다른 라이브러리의 함수 출력에 바탕을 두고 올바르게 설정돼 있는지 확인하기도 어렵다. 이렇게 테스트하기 어려운 코드에 관해서 Jest는 강력한 목mock 시스템을 제공한다. 그러나 어느 정도 적당히 선을 그어야 한다(작은 것까지 일일이 흉내낼 수는 없다).

다음은 컴포넌트와 해당 종속성을 보여주는 그림이다.

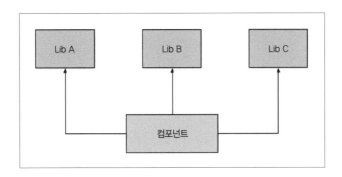

이 컴포넌트는 작동하기 위해 3개의 라이브러리가 필요하다. 세 라이브러리 각각의 기능을 테스트할 것이므로 이 컴포넌트를 그대로 단위 테스트하지 않을 것이다. 단위 테스트 중에 실행하고 싶지 않은 라이브러리는 Jest를 사용해 모킹^{mocking}하면(흉내내면) 된다. 모든 라이브러리를 모킹할 필요는 없으며, 어떤 경우에는 모킹을 많이 하는 것이 더 힘들게 될 수도 있다.

예를 들어 이 시나리오에서 Lib C가 날짜 라이브러리라고 하자. 여러분은 이 라이브러리를 모킹해야 할까 아니면 실제로 컴포넌트 테스트에서 나오는 값을 사용할까? 날짜 라이브러리는 꽤 낮은 레벨이며, 여러분의 단위 테스트 기능에 거의 위험을 주지 않을 것이다. 반면에 라이브러리의 레벨이 높을수록 일을 더 많이 하게 되며, 단위 테스트에 문제가 있을 소지도 높아진다. Jest를 사용해 Lib A와 Lib B를 모킹하기로 결정했다면 어떻게 될지 살펴보자.

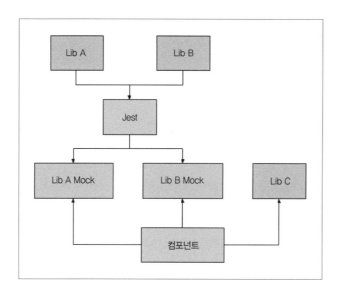

Jest에게 Lib A와 Lib B의 구현을 모킹하고 싶다고 알리면 Jest는 실제 모듈을 사용해 테스트에서 사용할 수 있는 객체를 자동으로 생성한다. 따라서 아주 적은 노력으로 코드 테스트를 위한 종속성을 모킹할 수 있다.

테스트를 격리해서 병렬로 실행

Jest를 사용하면 샌드박스sandbox[1] 환경 속으로 단위 테스트를 쉽게 격리시킬 수 있다. 즉 한 테스트 실행에서 나오는 부작용이 다른 테스트의 결과에 영향을 주지 않게 하는 것이다. 테스트 실행이 완료될 때마다 다음 테스트를 위해 글로벌 환경은 자동으로 리셋된다. 테스트들은 단독형이며, 각 실행 순서는 중요하지 않으므로 Jest는 테스트를 병렬로 실행한다. 즉 수백 가지의 단위 테스트가 있더라도 대기하는 경우가 없으므로 자주

---

1   미국 가정집의 뒤뜰에 아이가 안전하게 놀 수 있게 큰 통에 모래를 담아 그 안에서 놀게 한 데서 유래한 말이다. 아이는 그 통 안에서 흙장난을 비롯해 자신이 하고 싶은 놀이를 마음대로 할 수 있다. 이런 의미로 이 용어는 플레이어가 무엇이든 마음대로 할 수 있는 시스템이나 방식을 뜻한다. – 옮긴이

테스트를 실행할 수 있다.

다음은 Jest가 격리 환경에서 병렬로 테스트를 실행하는 방법을 보여주는 그림이다.

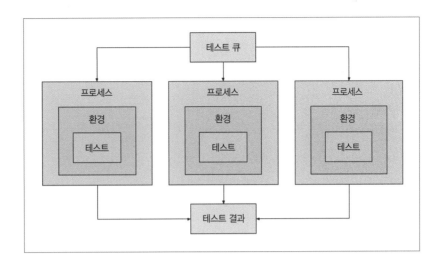

가장 좋은 점은 Jest가 프로세스 규모를 키우는 것을 알아서 처리해준다는 것이다. 예를 들어 프로젝트를 시작한 지 얼마되지 않아 프로젝트에 소수의 단위 테스트만 있다면 Jest는 여러 개의 프로세스, 이를테면 8개의 병렬 프로세스를 생성하지 않을 것이다. 즉 단일 프로세스로 실행된다. 기억해야 할 핵심은 단위 테스트가 다른 세계로부터의 간섭이 없는 자신만의 세계로 돼 있다는 점이다.

테스트는 자연스럽게 느껴져야 한다

Jest를 사용하면 테스트 실행을 쉽게 시작할 수 있지만 테스트 작성은 어떻게 해야 할까? Jest가 노출하는 API를 사용하면 유동 부분이 많지 않은 테스트를 쉽게 작성할 수 있다. API 문서(https://facebook.github.io/jest/docs/en/api.html)는 필요한 항목을 쉽게 찾을 수 있도록 섹션별로 구성돼 있다. 예를 들어 테스트 작성 중에 예상 값을 검증해야 한다면 API 문서의 Expect 섹션에서 필요한 함수를 찾으면 된다. 또는 목mock 함수 구성에 도움이 필요할 수도 있다(API 문서의 Mock Functions 섹션에는 이 주제에서 필요한 모든 것이 있다).

Jest가 돋보이는 또 다른 때는 비동기 코드를 테스트해야 할 때다. 이런 경우에는 일반적으로 프라미스promise 작업이 들어간다. Jest API를 사용하면 비동기 상용구를 작성하지 않고도 해결되거나 거부된 프라미스의 특정 값을 쉽게 예상할 수 있다. Jest 단위 테스트를 만드는 일이 실제 애플리케이션 코드를 좀 더 작성하는 것처럼 자연스러운 느낌을 주는 것은 바로 이와 같은 작은 일로 가능하기 때문이다.

▌ 테스트 실행

단위 테스트를 실행하는 데에는 Jest 명령행 도구만 있으면 된다. 이 도구 사용법에는 여러 가지가 있다. 먼저 create-react-app 환경에서 테스트 러너test runner를 호출하는 방법과 대화식 감시 모드 옵션을 사용하는 방법을 배울 것이다. 그런 다음 create-react-app 도움 없이 단독형 환경에서 Jest를 실행하는 방법을 배운다.

react-scripts를 사용해 테스트 실행하기

create-react-app을 사용해 React 애플리케이션을 만들면 바로 테스트 실행 준비가 된다. 사실 생성된 상용구 코드의 일부로서 App 컴포넌트의 단위 테스트가 만들어진다. 이 테스트는 Jest가 실행할 수 있는 테스트를 찾을 수 있도록 추가된다. 하지만 이 테스트가 실제로 애플리케이션에서 의미 있는 것을 테스트하지 않으므로 여러분이 테스트를 더 많이 추가하게 되면 이 테스트를 삭제하게 될 것이다.

또한 create-react-app은 적절한 스크립트를 package.json 파일에 추가해 테스트를 실행한다. 터미널에서 다음 명령을 실행하면 된다.

```
npm test
```

그러면 실제로 react-scripts에서 test 스크립트가 호출될 것이다. 이 스크립트는 Jest를 호출해서 테스트를 실행한다. 여기서는 초기 프로젝트로 작업하는 중이므로 create-react-app이 생성하는 하나의 테스트만 찾을 것이다. 이 테스트를 실행한 결과는 다음과 같이 보이게 된다.

```
PASS  src/App.test.js
  ✓ renders without crashing (3ms)
Test Suites: 1 passed, 1 total
Tests:       1 passed, 1 total
Snapshots:   0 total
Time:        0.043s, estimated 1s
```

실행된 테스트는 App.test.js 모듈에 있다. 모든 Jest 테스트는 파일 이름에 test 단어가 붙는다. 보통 ComponentName.test.js와 같은 명칭 관례를 따른다. 여러분은 이 모듈에서 실행된 테스트 리스트, 소요 시간, 통과 또는 실패 여부를 알 수 있다.

Jest는 실행에 관한 요약 정보를 맨 아래에 출력한다. 모든 테스트가 끝나면 다른 출력에 신경 쓸 필요가 없으므로 이 요약 정보는 유용한 경우가 많다. 반면에 테스트가 실패하면 정보가 많을수록 좋다.

react-scripts의 test 스크립트는 감시 모드에서 Jest를 호출한다. 즉 파일을 변경할 때 실제로 실행될 테스트를 선택할 수 있다. 다음은 명령행에서 메뉴가 어떻게 나타나는지 보여준다.

```
Watch Usage
 > Press a to run all tests.
 > Press p to filter by a filename regex pattern.
 > Press t to filter by a test name regex pattern.
```

```
> Press q to quit watch mode.
> Press Enter to trigger a test run.
```

Jest가 감시 모드에서 실행 중이면 모든 테스트가 완료되자마자 프로세스가 종료되지 않는다. 그 대신 변경 사항이 일어나는지 테스트 및 컴포넌트 파일을 감시하다가 변경 사항이 감지되면 테스트를 실행한다. 위의 옵션을 사용하면 변경 사항이 발생할 때 실행할 테스트를 미세 조정할 수 있다. p 및 t 옵션은 수천 개의 테스트가 있고, 그중 많은 테스트가 실패한 경우에만 유용하다. 이들 옵션은 문제가 되는 컴포넌트를 자세히 분석해서 개발할 때 유용하다.

기본적으로 Jest가 변경 사항을 감지하면 관련 테스트만 실행한다. 예를 들어 테스트 또는 컴포넌트를 변경하면 테스트가 다시 실행된다. 터미널에서 npm test를 실행하고 App.test.js를 열어서 약간만 변경해본다. 다음을 보자.

```
it('renders without crashing', () => {
  const div = document.createElement('div');
  ReactDOM.render(<App />, div);
});
```

여기서 테스트 이름을 다음과 같이 변경하고 나서 파일을 저장한다.

```
it('renders the App component', () => {
  const div = document.createElement('div');
  ReactDOM.render(<App />, div);
});
```

터미널을 보면 다음과 같이 Jest가 감시 모드로 돌아갈 것이다.

```
PASS  src/App.test.js
```

✓ renders the App component (4ms)

Jest는 단위 테스트의 변경을 감지하고 이를 실행해 업데이트된 콘솔 출력을 만들어 낸다. 이제 새 컴포넌트와 새 테스트를 도입해서 어떤 일이 발생하는지 살펴보자. 먼저 다음과 같이 Repeat 컴포넌트를 구현한다.

```
export default ({ times, value }) =>
  new Array(parseInt(times, 10))
    .fill(value)
    .join(' ');
```

이 컴포넌트는 times 프로퍼티를 받는데, 이를 사용해 value 프로퍼티를 몇 번 반복하는지 결정한다. App 컴포넌트에서는 다음과 같이 Repeat 컴포넌트를 사용한다.

```
import React, { Component } from 'react';
import logo from './logo.svg';
import './App.css';
import Repeat from './Repeat';

class App extends Component {
  render() {
    return (
      <div className="App">
        <header className="App-header">
          <img src={logo} className="App-logo" alt="logo" />
          <h1 className="App-title">Welcome to React</h1>
        </header>
        <p className="App-intro">
          <Repeat times="5" value="React!" />
        </p>
      </div>
    );
```

```
    }
}

export default App;
```

이 애플리케이션을 보면 해당 페이지에 React! 문자열이 다섯 번 나타날 것이다. 새 컴
포넌트는 예상대로 작동하지만 그 컴포넌트를 커밋^{commit}하기 전에 단위 테스트를 추가
해야 한다. 다음과 같이 Repeat.test.js 파일을 만든다.

```
import React from 'react';
import ReactDOM from 'react-dom';
import Repeat from './Repeat';

it('renders the Repeat component', () => {
  const div = document.createElement('div');
  ReactDOM.render(<Repeat times="5" value="test" />, div);
});
```

이것은 실제로 App 컴포넌트에 사용된 것과 동일한 단위 테스트다. 컴포넌트가 일종의
에러를 발생시키지 않으면서 렌더링할 수 있다는 것을 제외하고는 많이 테스트하지 않
는다. 이제 Jest는 두 가지 컴포넌트 테스트를 실행한다. 하나는 App용이고 다른 하나는
Repeat용이다. 다음과 같이 Jest의 콘솔 출력을 보면 두 테스트가 모두 실행됐다는 것을
알 수 있다.

```
PASS  src/App.test.js
PASS  src/Repeat.test.js
Test Suites: 2 passed, 2 total
Tests:       2 passed, 2 total
Snapshots:   0 total
Time:        0.174s, estimated 1s
Ran all test suites related to changed files.
```

이 출력의 마지막 행에 주의하자. Jest의 기본 감시 모드는 소스 제어에 커밋된 적이 없는, 저장된 적이 있는 파일을 찾는 것이다. 커밋된 적이 있는 컴포넌트와 테스트를 무시함으로써 건너뛰게 되는데, 변경되지도 않는 것들을 테스트하는 것은 무의미하다. Repeat 컴포넌트를 변경하고 어떤 일이 일어나는지 알아보자(실제로 아무것도 변경하지 않아도 되므로 그냥 파일 저장만으로 Jest를 수행시킬 수 있다).

```
PASS  src/App.test.js
PASS  src/Repeat.test.js
```

App 테스트가 실행되는 이유는 무엇일까? 이 테스트는 커밋되기만 했으며 변경된 적은 없다. 이 문제는 App이 Repeat에 종속돼 있으므로 Repeat 컴포넌트를 변경하면 App 테스트가 실패할 수 있다는 것이다.

또 다른 컴포넌트를 시도하는데, 이번에는 새 컴포넌트를 임포팅하는 종속성을 도입하지 말자. Text.js 파일을 만들고 다음 컴포넌트를 구현해서 저장한다.

```
export default ({ children }) => children;
```

이 Text 컴포넌트는 전달된 자식 요소나 텍스트를 렌더링한다. 그냥 아무렇게 만들어본 컴포넌트이므로 왜 이렇게 만들었는지 고민하지 말자. 이제 다음과 같이 이 컴포넌트가 예상대로 값을 반환하는지 확인하는 테스트를 작성해보자.

```
import Text from './text';

it('returns the correct text', () => {
  const children = 'test';
  expect(Text({ children })).toEqual(children);
});
```

toEqual( ) 어서션^{assertion}은 Text( )가 반환한 값이 children 값과 같을 때 전달한다. 이 테스트를 저장하고 Jest 콘솔 출력을 살펴보자.

```
PASS  src/Text.test.js
 ✓ returns the correct text (1ms)
Test Suites: 1 passed, 1 total
Tests:       1 passed, 1 total
```

종속성이 없는 테스트라서 Jest는 자체 테스트만 실행한다. 다른 두 테스트는 Git에서 검사되므로 이들 테스트는 실행할 필요가 없다는 것을 알 수 있다. 여러분은 단위 테스트를 통과하지 않는 것을 결코 커밋하지 않을 것이다. 맞는가?

이 테스트가 실패하게 만들면 어떻게 되는지 알아보자. Text 컴포넌트를 다음과 같이 변경한다.

```
export default ({ children }) => 1;
```

이렇게 하면 테스트가 실패하는데 그 이유는 컴포넌트 함수가 children 프로퍼티에 전달된 값을 반환할 것으로 기대하기 때문이다. 이제 Jest 콘솔로 돌아가보면 출력이 다음과 같이 나타날 것이다.

```
FAIL  src/Text.test.js
 ● returns the correct text
   expect(received).toEqual(expected)
   Expected value to equal:
     "test"
   Received:
     1
   Difference:
     Comparing two different types of values. Expected string but received
```

```
  number.
```

보다시피 테스트는 실패했다. 흥미로운 점은 또다시 말하지만 Git에 따라 다른 것이 변경되지 않았으므로 이 테스트만 실행됐다는 것이다. 여러분에게 이득이 되는 것은 수백가지의 테스트가 있는 경우에 현재 작업 중인 컴포넌트에 관한 테스트가 실패로 뜨기 전까지 모든 테스트가 실행을 멈추고 대기할 필요가 없다는 것이다.

단독형 Jest를 사용해 테스트 실행하기

앞 절에서 방금 배운 react-scripts의 test 스크립트는 애플리케이션을 빌드하는 동안 백그라운드로 실행되는 훌륭한 도구다. 컴포넌트 및 단위 테스트를 구현할 때 즉각적인 피드백을 제공한다.

다른 경우에는 모든 테스트를 실행하고 결과물이 출력되는 즉시 프로세스를 종료하면 된다. 예를 들어 Jest 출력을 연속 통합 프로세스^{continuous integration process}로 합하거나 테스트 결과가 한 번만 표시되도록 하려면 Jest를 직접 실행하면 된다.

Jest를 단독으로 실행해보자. 프로젝트 디렉터리에 있는지 확인하고, npm test 스크립트 실행을 중지했는지도 확인한다. 이제 다음 명령을 실행한다.

```
jest
```

이 명령은 Jest를 감시 모드로 실행하지 않고 그냥 모든 테스트를 실행하며, 결과물을 출력하고 나서 종료한다. 하지만 이 접근 방식에는 문제가 있는 것으로 보인다. 이렇게 Jest를 실행하면 다음과 같은 에러가 발생한다.

```
FAIL  src/Repeat.test.js
 ● Test suite failed to run
```

```
04/my-react-app/src/Repeat.test.js: Unexpected token (7:18)
    5 | it('renders the Repeat component', () => {
    6 |   const div = document.createElement('div');
  > 7 |   ReactDOM.render(<Repeat times="5" value="test"...
      |                   ^
    8 | });
```

이는 react-scripts의 test 스크립트가 JSX를 파싱^{parsing}하고 실행하는 데 필요한 모든 Jest 구성을 포함해 많은 것을 설정하기 때문이다. 이 도구를 사용할 거라면 처음부터 Jest를 구성하느라 애쓰지 말고 그냥 사용하자. 현재 목표는 (감시 모드가 아닌) Jest를 한 번 실행해 보는 것이란 점을 기억하라.

react-scripts의 test 스크립트로 연속 통합 환경을 처리할 준비가 된다는 점을 알았다. CI 환경 변수를 이용하면 Jest를 감시 모드로 실행하지 않게 할 수 있다. 다음과 같이 이 변수를 익스포트하는 것으로 그렇게 해보자.

```
export CI=1
```

이제 npm test를 실행하면 모든 것이 예상대로 작동한다. 모두 끝나면 프로세스가 종료된다.

```
PASS  src/Text.test.js
PASS  src/App.test.js
PASS  src/Repeat.test.js
Test Suites: 3 passed, 3 total
Tests:       3 passed, 3 total
Snapshots:   0 total
Time:        1.089s
Ran all test suites.
```

완료되면 다음과 같이 이 환경 변수를 해제할 수 있다.

```
unset CI
```

대부분의 경우 감시 모드로 Jest를 사용하게 될 것이다. 그러나 단시간 내에 신속하게 테스트를 수행해야 하는 경우에는 일시적으로 연속 통합 모드로 전환하면 된다.

▌ Jest 테스트 작성

이제 Jest를 실행하는 방법을 알았으므로 단위 테스트를 작성해 보자. 우리는 React 애플리케이션을 테스트할 수 있는 Jest의 기본뿐만 아니라 고급 기능까지 다룰 것이다. Jest에서 사용할 수 있는 스위트와 기본 어서션으로 테스트를 구성할 것이다. 그리고 나서 첫 번째 목 모듈을 만들고 비동기 코드로 작업할 것이다. 마지막으로 Jest의 스냅샷 snapshot 메커니즘을 사용해 React 컴포넌트 출력을 테스트한다.

스위트를 사용해 테스트 조직하기

스위트suite는 테스트의 주요 조직 단위다. 스위트는 Jest 필수 사항이 아니다. 다음과 같이 create-react-app이 생성하는 테스트에는 스위트가 포함되지 않는다.

```
it('renders without crashing', () => {
  ...
});
```

it( ) 함수는 통과하거나 실패하는 단위 테스트를 선언한다. 프로젝트를 방금 시작했고 약간의 테스트만 수행한다면 스위트가 필요하지 않다. 여러 테스트를 경험하고 나면 조직화에 관해 생각하게 된다. 스위트는 테스트들을 담을 수 있는 컨테이너로 생각하자. 적합하다고 생각되는 테스트들을 조직하는 컨테이너를 여러 개 둘 수 있다. 대체로 스위트는 소스 모듈에 해당한다. 다음은 스위트 선언 방법이다.

```
describe('BasicSuite', () => {
  it('passes the first test', () => {
    // 어서션...
  });
  it('passes the second test', () => {
    // 어서션...
  });
});
```

describe() 함수는 여기에서 BasicSuite라고 하는 스위트를 선언하는 데 사용된다. 스위트 내에 여러 단위 테스트들을 선언한다. describe()를 사용하면 테스트 결과 출력에서 관련 테스트들이 그룹화되도록 테스트를 구성할 수 있다.

하지만 테스트를 조직하는 데 사용할 수 있는 메커니즘이 스위트뿐이라면 테스트 규모가 다루기 힘들 정도로 급속히 커질 것이다. 그 이유는 대체로 하나의 모듈 내에 클래스, 메소드, 함수에 관해 둘 이상의 테스트를 넣기 때문이다. 따라서 테스트가 실제로 어느 코드에 들어갈지를 지정할 방법이 필요하다. 다행스러운 것은 스위트에 필요한 조직을 제공하기 위한 호출을 다음과 같이 중첩할 수 있다는 것이다.

```
describe('NestedSuite', () => {
  describe('state', () => {
    it('handles the first state', () => {

    });

    it('handles the second state', () => {
```

```
    });
  });

  describe('props', () => {
    it('handles the first prop', () => {

    });

    it('handles the second prop', () => {

    });
  });

  describe('render()', () => {
    it('renders with state', () => {

    });

    it('renders with props', () => {

    });
  });
});
```

가장 바깥쪽의 describe() 호출은 모듈과 같은 최상위 레벨 코드 단위에 해당하는 테스트 스위트를 선언한다. 안쪽의 describe() 호출은 메소드와 함수 같은 더 작은 코드 단위에 해당한다. 이렇게 하면 테스트 대상에 관한 혼동을 피하면서 주어진 코드 조각에 관해 여러 개의 단위 테스트를 쉽게 작성할 수 있다.

방금 작성한 테스트 스위트에 관한 자세한 출력을 알아보자. 그러기 위해서는 다음을 실행한다.

```
npm test -- --verbose
```

첫 번째 이중 대시 세트는 npm에게 test 스크립트 다음에 나오는 인자를 전달하도록 지시한다. 다음 출력이 나타날 것이다.

```
PASS  src/NestedSuite.test.js
 NestedSuite
   state
     ✓ handles the first state (1ms)
     ✓ handles the second state
   props
     ✓ handles the first prop
     ✓ handles the second prop
   render()
     ✓ renders with state
     ✓ renders with props (1ms)
PASS  src/BasicSuite.test.js
 BasicSuite
     ✓ passes the first test
     ✓ passes the second test
```

NestedSuite 아래에는 state가 테스트 중인 코드이며, 2개의 테스트가 통과한 것을 알 수 있다. props 및 render()의 경우도 마찬가지다.

기본 어서션

단위 테스트의 어서션들은 Jest의 기대expectation API를 사용해 작성된다. 이들 함수는 코드 기대치가 충족되지 않을 때 단위 테스트 실패를 유발한다. 이 API를 사용할 때 테스트 실패 결과는 실제로 일어난 일 이외에 일어날 것으로 예상되는 것도 보여준다. 이 결과로 여러분의 작업 시간을 크게 줄일 수 있다.

기본 일치

toBe() 기대 메소드를 사용하면 두 값이 동일하다는 것을 어서선할 수 있다.

```
describe('basic equality', () => {
  it('true is true', () => {
    expect(true).toBe(true);
    expect(true).not.toBe(false);
  });

  it('false is false', () => {
    expect(false).toBe(false);
    expect(false).not.toBe(true);
  });
});
```

첫 번째 테스트에서는 true가 true일 것으로 예상한다. 그 다음에는 .not 프로퍼티를 사용해 그 옆의 기댓값을 반대로 한다. 이것이 실제 단위 테스트인 경우 이렇게 반대가 맞는지 확인할 필요는 없다(여기서는 설명하기 위해 이렇게 만든 것이다).

두 번째 테스트에서는 동일한 어서선을 수행하지만 기댓값이 false다. toBe() 메소드는 엄격 일치$^{strict\ equality}$를 사용해 값을 비교한다.

근사 일치

코드 중에는 정확한 값이 아니어도 괜찮을 경우가 있다. 예를 들어 값이 존재하기만 하면 되는 상황이 있다. 인버스^{inverse}를 수행해 값이 없는지 확인해도 된다. 자바스크립트 용어로 존재와 무존재는 truthy와 falsy라고 한다.

Jest 단위 테스트에서 truthy나 falsy 값을 확인하려면 다음과 같이 isTruthy() 또는 isFalsy() 메소드를 사용한다.

```
describe('approximate equality', () => {
  it('1 is truthy', () => {
    expect(1).toBeTruthy();
    expect(1).not.toBeFalsy();
  });

  it('\'\' is falsy', () => {
    expect('').toBeFalsy();
    expect('').not.toBeTruthy();
  });
});
```

값 1은 참이 아니지만 불리언^{Boolean} 비교의 콘텍스트에서 사용될 때 true로 평가된다. 마찬가지로 빈 문자열은 false로 평가되므로 falsy로 간주된다.

값 일치

객체와 배열을 사용해 작업할 때 일치를 검사하는 것은 힘들 수 있다. 항상 다른 참조를 비교하므로 엄격 일치를 사용할 수 없다. 비교하려는 것이 값이라면 객체 또는 컬렉션을 반복해서 값, 키, 인덱스를 개별적으로 비교해야 한다.

간단한 테스트를 수행하는 데 이런 작업을 모두 하고 싶지는 않을 것이다. Jest는 다음과 같이 객체 프로퍼티와 배열값을 비교하는 toEqual() 메소드를 제공한다.

```
describe('value equality', () => {
  it('objects are the same', () => {
    expect({
      one: 1,
      two: 2
    }).toEqual({
      one: 1,
      two: 2,
```

```
  });

  expect({
    one: 1,
    two: 2
  }).not.toBe({
    one: 1,
    two: 2
  });
});

it('arrays are the same', () => {
  expect([1, 2]).toEqual([1, 2]);
  expect([1, 2]).not.toBe([1, 2]);
});
});
```

이 예제의 모든 객체와 배열은 고유한 참조다. 그러나 두 객체와 두 배열은 프로퍼티와 값이 동일하다. toEqual( ) 메소드는 값이 같은지를 점검한다. 그 다음으로 toBe( )가 나온다(이 메소드는 참조를 비교하므로 false를 반환한다).

컬렉션의 값

Jest에서 사용할 수 있는 어서션 메소드는 이 책에서 다루는 것보다 많다. Jest API 문서의 Expect 섹션(https://facebook.github.io/jest/docs/en/expect.html)을 살펴보기 바란다.

마지막으로 알아볼 2개의 어서션 메소드는 toHaveProperty( )와 toContain( )이다. 전자는 객체가 해당 프로퍼티를 가지고 있는지 테스트하고, 후자는 배열이 해당 값을 포함하고 있는지 점검한다.

```
describe('object properties and array values', () => {
  it('object has property value', () => {
```

```
    expect({
      one: 1,
      two: 2
    }).toHaveProperty('two', 2);

    expect({
      one: 1,
      two: 2
    }).not.toHaveProperty('two', 3);
  });

  it('array contains value', () => {
    expect([1, 2]).toContain(1);
    expect([1, 2]).not.toContain(3);
  });
});
```

toHaveProperty( ) 메소드는 객체에 특정 프로퍼티 값이 있는지 확인해야 하는 경우에 유용하다. 배열에 특정 값이 있는지 확인해야 하는 경우에는 toContain( ) 메소드가 유용하다.

모킹으로 작업하기

단위 테스트를 작성할 때는 자신의 코드를 테스트할 것이다. 적어도 그게 일반적일 것이다. 실제로는 코드가 필연적으로 일종의 라이브러리를 사용하므로 이 테스트는 생각보다 어렵다. 그러면 테스트하고 싶지 않게 된다. 다른 라이브러리를 호출하는 단위 테스트를 작성하는 것에 관한 문제는 네트워크나 파일시스템에 접근해야 하는 경우가 많다는 점이다. 다른 라이브러리에서 일어나는 변화의 결과로 오탐$^{false\ positive}$2이 일어날 수 있다.

---

2 정보가 틀린 것인데 올바른 것으로 결과가 나오는 것을 의미한다. – 옮긴이

Jest는 사용하기 쉬운 강력한 모킹 메커니즘을 제공한다. Jest에게 모킹할 모듈에 관한 경로를 지정하면 나머지는 Jest가 처리한다. 어떤 경우에는 목^{mock}을 구현할 필요가 없다. 또 어떤 경우에는 매개변수를 처리해서 오리지널 모듈과 동일한 방식으로 값을 반환해야 한다.

다음과 같은 readFile() 함수를 작성했다고 하자.

```
import fs from 'fs';

const readFile = path => new Promise((resolve, reject) => {
  fs.readFile(path, (err, data) => {
    if (err) {
      reject(err);
    } else {
      resolve(data);
    }
  });
});

export default readFile;
```

이 함수는 fs 모듈의 readFile() 함수가 필요하다. readFile()에 전달한 콜백 함수가 호출될 때 에러가 발생하지 않는 한 해결된 프라미스를 반환한다.

이제 이 함수에 관한 단위 테스트를 작성해보자. 여러분은 다음과 같이 어서션들을 만들고 싶을 것이다.

- fs.readFile()을 호출하는가?
- 반환된 프라미스가 올바른 값으로 해결되는가?
- fs.readFile()에 전달된 콜백이 에러를 받았을 때 반환된 프라미스는 거부되

는가?

Jest로 이들 어서션을 모킹하면 fs.readFile( )의 실제 구현에 의존하지 않고도 이러한 모든 어서션을 수행할 수 있다. 외부 요인들에 관해서는 신경 쓰지 않아도 된다. 즉 여러분의 코드가 기대하는 대로 작동하는 것에만 신경 쓰면 된다.

모킹된 fs.readFile( ) 구현을 사용하는 함수에 관해 다음과 같은 몇 가지 테스트를 살펴보자.

```
import fs from 'fs';
import readFile from './readFile';

jest.mock('fs');

describe('readFile', () => {
  it('calls fs.readFile', (done) => {
    fs.readFile.mockReset();
    fs.readFile.mockImplementation((path, cb) => {
      cb(false);
    });

    readFile('file.txt')
      .then(() => {
        expect(fs.readFile).toHaveBeenCalled();
        done();
      });
  });

  it('resolves a value', (done) => {
    fs.readFile.mockReset();
    fs.readFile.mockImplementation((path, cb) => {
      cb(false, 'test');
    });
```

```
    readFile('file.txt')
      .then((data) => {
        expect(data).toBe('test');
        done();
      });
  });

  it('rejects on error', (done) => {
    fs.readFile.mockReset();
    fs.readFile.mockImplementation((path, cb) => {
      cb('failed');
    });

    readFile()
      .catch((err) => {
        expect(err).toBe('failed');
        done();
      });
  });
});
```

jest.mock('fs') 호출로 모킹된 fs 모듈 버전을 생성한다. 실제 fs 모듈을 임포트한 후에 fs 모듈을 모킹하는 점, 그리고 모킹을 한 후에 테스트가 이 모듈을 사용하는 점에 주의한다. 각 테스트에서 우리는 fs.readFile()의 사용자 정의 구현을 만들 것이다. 기본적으로 Jest가 모킹한 함수는 실제로 아무 일도 하지 않는다. 이것으로는 대부분 테스트에 충분하지 못할 것이다. 목의 멋진 점은 여러분의 코드에서 사용하는 라이브러리의 결과를 제어한다는 점이므로 테스트 어서션으로 코드가 모든 것을 적절히 처리하게 만들 수 있다.

이 구현을 mockImplementation() 메소드에 하나의 함수로 전달한다. 그러나 이렇게 하기 전에 항상 mockReset()를 호출해 mock에 관한 저장된 정보(호출 횟수 등)를 확실히 지워야 한다. 예를 들어 첫 번째 테스트에는 expect(fs.readFile).toHaveBeenCalled()

어서션이 있다. expect( )에 mock 함수를 전달할 수 있으며, Jest는 작업 방법을 알고 있는 메소드를 제공한다.

유사한 함수들에 관해서는 같은 패턴을 따르면 된다. 다음은 readFile( )에 대응되는 것이다.

```
import fs from 'fs';

const writeFile = (path, data) => new Promise((resolve, reject) => {
  fs.writeFile(path, data, (err) => {
    if (err) {
      reject(err);
    } else {
      resolve();
    }
  });
});

export default writeFile;
```

readFile( )과 writeFile( ) 간에는 두 가지 중요한 차이점이 있다.

- writeFile( ) 함수는 파일로 기록할 데이터를 위해 두 번째 매개변수를 허용한다. 이 매개변수는 fs.writeFile( )에도 전달된다.
- readFile( )은 읽은 파일 데이터를 해결하지 않는 반면에 writeFile( ) 함수는 값을 해결한다.

이 두 가지 차이점은 여러분이 작성한 목 구현에 영향을 미친다. 이제 그 차이점을 살펴보자.

```
import fs from 'fs';
import writeFile from './writeFile';
```

```
jest.mock('fs');

describe('writeFile', () => {
  it('calls fs.writeFile', (done) => {
    fs.writeFile.mockReset();
    fs.writeFile.mockImplementation((path, data, cb) => {
      cb(false);
    });

    writeFile('file.txt')
      .then(() => {
        expect(fs.writeFile).toHaveBeenCalled();
        done();
      });
  });

  it('resolves without a value', (done) => {
    fs.writeFile.mockReset();
    fs.writeFile.mockImplementation((path, data, cb) => {
      cb(false, 'test');
    });

    writeFile('file.txt', test)
      .then(() => {
        done();
      });
  });

  it('rejects on error', (done) => {
    fs.writeFile.mockReset();
    fs.writeFile.mockImplementation((path, data, cb) => {
      cb('failed');
    });

    writeFile()
```

```
      .catch((err) => {
        expect(err).toBe('failed');
        done();
      });
  });
});
```

data 매개변수는 이제 목 구현에 들어가야 한다. 그렇지 않으면 cb 매개변수에 접근해서 콜백을 호출할 방법이 없다.

readFile() 및 writeFile() 테스트에서 모두 비동기를 처리해야 한다. 이것이 우리가 then() 콜백 내에서 어서션을 수행하는 이유다. it()으로부터 전달된 done() 함수는 테스트가 끝나면 호출된다. done() 호출을 잊어버리면 테스트가 완료되지 않은 상태로 되고 결국 시간이 초과돼 실패한다.

비동기 어서션

Jest는 테스트에 비동기 코드도 포함될 걸로 예상한다. 즉, 단위 테스트 작성을 자연스럽게 하는 API를 제공한다. 앞 절에서는 then() 콜백 내에서 어서션을 수행하고 모든 비동기 테스트가 완료됐을 때 done()을 호출한 테스트를 작성했었다. 이 절에서는 다른 접근법을 살펴볼 것이다.

Jest를 사용하면 단위 테스트 함수로부터 프라미스 기댓값을 반환할 수 있으며, 그에 따라 Jest는 그 값을 처리한다. 앞 절에서 작성한 readFile() 테스트를 리팩토링refactoring[3] 해보자.

```
import fs from 'fs';
import readFile from './readFile';
```

---

3 결과는 같게 나오게 하면서 코드만 변경함. - 옮긴이

```
jest.mock('fs');

describe('readFile', () => {
  it('calls fs.readFile', () => {
    fs.readFile.mockReset();
    fs.readFile.mockImplementation((path, cb) => {
      cb(false);
    });

    return readFile('file.txt')
      .then(() => {
        expect(fs.readFile).toHaveBeenCalled();
      });
  });

  it('resolves a value', () => {
    fs.readFile.mockReset();
    fs.readFile.mockImplementation((path, cb) => {
      cb(false, 'test');
    });

    return expect(readFile('file.txt'))
      .resolves
      .toBe('test');
  });

  it('rejects on error', () => {
    fs.readFile.mockReset();
    fs.readFile.mockImplementation((path, cb) => {
      cb('failed');
    });

    return expect(readFile())
      .rejects
      .toBe('failed');
```

```
  });
});
```

이제 테스트는 프라미스를 반환한다. 프라미스가 반환되면 Jest는 해결되기를 기다린 후에 테스트 결과를 캡처한다. 여러분은 expect()에게 프라미스를 전달하고 resolves 와 rejects를 사용해 어서션을 수행할 수도 있다. 이렇게 하면 테스트의 비동기 부분이 완료됐다는 것을 나타내기 위해 done() 함수에 의존할 필요가 없어진다.

rejects 객체는 여기서 특히 눈여겨볼 만하다. 함수들이 예상대로 거부되는지 확인하는 것은 중요하다. 그러나 rejects가 없으면 이 일이 불가능하다. 이 테스트의 이전 버전에서는 코드가 거부될 때 어떤 이유로 그 코드가 해결되면 이를 감지할 방법이 없다. 이제 이런 일이 발생하면 rejects를 사용해 테스트를 실패하게 만들 수 있다.

React 컴포넌트 스냅샷

React 컴포넌트는 출력을 렌더링한다. 당연히 여러분은 컴포넌트 단위 테스트 부분이 올바른 출력을 생성하길 원할 것이다. 한 가지 방법은 컴포넌트를 JS 기반 DOM에 렌더링하고 나서 렌더링된 출력에 관해 개별적인 어서션을 수행하는 것이다. 하지만 이 일은 말 그대로 고통스런 테스트 작성 경험이 될 것이다.

스냅샷 테스트를 하면 렌더링된 컴포넌트 출력의 스냅샷을 생성할 수 있다. 그러면 테스트가 실행될 때마다 출력이 스냅샷과 비교된다. 다른 것이 나오면 그 테스트는 실패한다.

스냅샷 테스트를 사용하기 위해 create-react-app이 추가한 App 컴포넌트의 기본 테스트를 수정해보자. 오리지널 테스트는 다음과 같다.

```
import React from 'react';
import ReactDOM from 'react-dom';
```

```
import App from './App';

it('renders without crashing', () => {
  const div = document.createElement('div');
  ReactDOM.render(<App />, div);
});
```

이 테스트는 렌더링된 내용에 관해 실제로 검증하지 않는다(에러를 처리하지 않는다). 예기치 않은 결과가 발생하면 어떤 문제인지 알지 못할 것이다. 다음은 동일한 테스트의 스냅샷 버전이다.

```
import React from 'react';
import renderer from 'react-test-renderer';
import App from './App';

it('renders without crashing', () => {
  const tree = renderer
    .create(<App />)
    .toJSON();

  expect(tree).toMatchSnapshot();
});
```

이 테스트를 실행하기 전에 다음과 같이 react-test-renderer 패키지를 설치해야 한다.

npm install react-test-renderer --save-dev

아마 이것은 언젠가 create-react-app에 추가될 것이다. 그때까지는 이렇게 설치해야 한다는 점을 기억하자. 그러면 여러분의 테스트에서 테스트 렌더러[renderer]를 임포트해서 JSON 트리를 생성하는 데 이를 사용할 수 있다. 이 트리는 렌더링된 컴포넌트 내용에 관한 표현이다. 다음으로 toMatchSnapshot( ) 어서선을 사용해 이 테스트가 처음 실행될 때는 생성된 스냅샷과 그 트리가 일치할 것으로 예상한다.

이는 테스트가 처음 실행될 때 스냅샷이 처음 생성되므로 항상 통과할 거라는 뜻이다. 단위 테스트 소스 자체와 마찬가지로 스냅샷 파일은 프로젝트의 소스 제어 시스템에 커밋해야 하는 것이다. 이런 식으로 프로젝트에서 일하는 다른 사람들은 테스트를 실행할 때 함께 작업할 스냅샷 파일을 갖게 된다.

스냅샷 테스트에서 오해의 소지가 있는 점은 컴포넌트를 실제로 변경해 다른 출력을 생성할 수 없다는 인상을 주는 것이다. 실제로 이것은 사실이다. 즉 컴포넌트에 의해 생성된 출력을 변경하면 실패한 스냅샷 테스트가 발생한다. 하지만 이것은 나쁜 일이 아니다. 그 이유는 변경 사항이 발생할 때마다 컴포넌트가 무엇을 렌더링하는지를 살펴보게 만들기 때문이다.

다음과 같이 started 단어를 강조하도록 App 컴포넌트를 변경해보자.

```
<p className="App-intro">
  To get <em>started</em>, edit <code>src/App.js</code> and save to
  reload.
</p>
```

이제 테스트를 실행하면 다음과 같이 실패하게 된다.

```
Received value does not match stored snapshot 1.
- Snapshot
+ Received
 @@ -16,11 +16,15 @@
    </h1>
    </header>
    <p
      className="App-intro"
```

```
    >
-   To get started, edit
+   To get
+   <em>
+     started
+   </em>
+   , edit
```

와우! 이거 괜찮다. 차이를 통합해보니 컴포넌트 출력으로 변경된 사항을 정확히 알 수 있다. 이 결과물을 보고 예상했던 변경 사항이었는지 아니면 실수한 거라서 고쳐야 할 것인지를 결정할 수 있다. 이러한 새 출력에 만족한다면 다음과 같이 test 스크립트에 인자를 전달해 저장된 스냅샷을 업데이트할 수 있다.

```
npm test -- --updateSnapshot
```

그러면 저장된 스냅샷이 업데이트된 후 테스트를 실행하고, 실패했던 스냅샷 테스트는 이제 출력 예상을 충족하므로 다음과 같이 통과한다.

```
PASS  src/App.test.js
  ✓ renders without crashing (12ms)
Snapshot Summary
 > 1 snapshot updated in 1 test suite.
 Test Suites: 1 passed, 1 total
 Tests:       1 passed, 1 total
 Snapshots:   1 updated, 1 total
 Time:        0.631s, estimated 1s
```

--updateSnapshot 인자를 전달한 결과로 Jest는 테스트를 실행하기 전에 스냅샷이 업데이트됐음을 알린다.

단위 테스트 커버리지

Jest에는 테스트 커버리지 리포트 기능이 내장돼 있다. 테스트 프레임워크라고 해서 전부가 이런 기능을 지원하지는 않으므로 테스트 프레임워크의 일부분으로 포함시키는 것이 좋다. 테스트 커버리지가 어떤 모습인지 알고 싶다면 Jest를 시작할 때 다음과 같이 --coverage 옵션을 붙여보자.

```
npm test -- --coverage
```

이렇게 하면 테스트는 정상적으로 실행된다. 이때 Jest 내부의 커버리지 도구는 테스트가 소스를 얼마나 잘 다루고 있는지를 파악한 후 다음과 같은 리포트를 생성할 것이다.

```
----------|--------|----------|---------|---------|----------------|
File      |% Stmts | % Branch | % Funcs | % Lines |Uncovered Lines |
----------|--------|----------|---------|---------|----------------|
All files |  2.17  |        0 |    6.25 |    4.55 |                |
 App.js   |   100  |      100 |     100 |     100 |                |
 index.js |     0  |        0 |       0 |       0 | 1,2,3,4,5,7,8  |
----------|--------|----------|---------|---------|----------------|
```

커버리지 번호를 알려면 보고서의 Uncovered Lines 열을 본다. 다른 열은 테스트에서 다루는 코드 타입(명령문, 분기, 함수)이 무엇이지 알려준다.

▌ 요약

4장에서는 Jest에 관해 배웠다. Jest의 핵심 원리는 효과적인 목, 테스트 격리 및 병렬 실행, 사용 편의성을 창출하는 것이라고 배웠다. 그런 다음 Jest에서 사용할 기본 구성을 제공함으로써 react-scripts에서 기본 구성으로 Jest를 함께 사용하면 단위 테스트를 보다 쉽게 수행할 수 있다는 것을 알게 됐다.

react-scripts를 통해 Jest를 실행할 때 기본적으로 감시 모드가 된다는 것을 알았다. 감시 모드는 소스를 변경할 때마다 많은 테스트를 실행할 필요가 없는 경우에만 특히 유용하다(관련 테스트만 실행한다).

다음으로 단위 테스트에서 몇 가지 기본적인 어서션을 수행했다. 그리고 나서 fs 모듈에 관한 목 객체를 만들고, 모킹된 함수에 관한 어서션을 수행해 해당 함수가 예상대로 사용되는지 확인했다. 그런 다음 이들 테스트를 발전시켜 Jest의 고유한 비동기 기능을 사용했다. 단위 테스트 커버리지 리포트 기능은 Jest에 내장돼 있으며, 인자를 추가로 전달해서 이 리포트를 어떻게 보는지를 배웠다.

5장에서는 Flow를 사용해 타입에 안전한 컴포넌트를 어떻게 만드는지 배울 것이다.

05

타입 안전한
React 컴포넌트로
개발 간소화와 리팩토링하기

5장에서 알아볼 도구는 자바스크립트 애플리케이션용 정적 타입 검사기인 Flow다. Flow의 범위와 Flow로 할 수 있는 일은 엄청나므로 React 컴포넌트를 개선하는 데 사용되는 도구의 맥락에서 Flow를 소개할 것이다. 5장에서는 다음 내용을 배울 것이다.

- React 애플리케이션에 타입 안전성을 도입함으로써 해결되는 문제
- React 프로젝트에서 Flow 가능하게 하기
- Flow를 사용해 React 컴포넌트 유효성 검증하기
- 타입 안전성을 사용해 React 개발을 향상시키는 다른 방법

▌ 타입 안전성으로 무엇을 해결할 수 있는가?

타입 안전성type-safety은 어떤 묘책이 아니다. 예를 들어 타입이 안전한 애플리케이션을 만들었다고 해도 버그로 가득 차 있을 수 있다. 타입 검사기를 도입한 후에 발생하는 멈춤 현상은 일종의 버그다. 따라서 Flow와 같은 도구를 도입한 후 어떤 종류의 일을 기대할 수 있을까? Flow를 배우는 동안 경험했던 세 가지 요인을 언급할 것이다. https://flow.org/en/docs/lang/에 있는 Flow 문서의 Type System 섹션에서는 이 주제에 관해 자세히 설명한다.

어림짐작을 분명하게 하기

자바스크립트와 같은 동적 타입의 언어가 제공하는 유용한 기능 중 하나는 타입을 고려하지 않고 코드를 작성할 수 있다는 점이다. 타입을 지정하는 것은 깔끔하며 많은 문제를 해결하지만 (믿거나 말거나 내가 말하려는 요점은) 가끔 형식적으로 적절한지 검증하지 않고도 코드를 작성할 수 있어야 한다. 즉 때로는 어림짐작이 필요한 것이다.

객체를 인자로 받는 함수를 작성하고 있다면 그 함수에 전달되는 객체의 프로퍼티를 예상할 것이다. 따라서 올바른 타입이 인자로 전달되는지 확인하지 않고도 필요한 것을 구현할 수 있다. 하지만 이런 코드는 오래가지 못할 것이다. 그 이유는 예상치 못한 타입이 입력으로 전달될 수 있기 때문이다. 유동 부분이 많은 복잡한 애플리케이션이 있다면 타입 안전성을 통해 이런 어림짐작을 제거해야 한다.

Flow는 흥미로운 접근 방식을 취한다. 타입을 바탕으로 새 자바스크립트 코드를 컴파일하는 대신 타입 애노테이션을 바탕으로 소스가 올바른지 점검한다. 그리고 나서 소스에서 이들 애노테이션을 제거하고 실행한다. Flow와 같은 타입 검사기를 사용하면 각 컴포넌트가 입력으로 무엇을 허용할지, 타입 애노테이션을 사용해 애플리케이션의 나머지를 어떻게 반복할지 분명하게 지정할 수 있다.

런타임 점검 제거

자바스크립트와 같은 동적 언어에서 알려지지 않은 타입의 데이터를 처리하는 해결책은 런타임으로 값을 점검하는 것이다. 값의 타입에 따라 몇 가지 대체 행동을 수행해 코드가 예상하는 값을 얻어야 한다. 예를 들어 자바 스크립트에서 일반적인 방식은 값이 정의되지 않았는지 또는 null이 아닌지 점검하는 것이다. 이런 경우에 걸린다면 에러를 처리하거나 기본값을 사용하면 된다.

런타임 검사를 수행하다보면 코드에 관한 사고방식이 바뀐다. 일단 이들 점검을 수행하기 시작하면 필연적으로 보다 정교한 점검으로 발전한다. 올바른 데이터로 코드를 호출하는 것에 관해 여러분 자신이나 다른 사람을 신뢰하지 않게 된다. 함수가 엉뚱한 인자로 호출될 가능성을 인지하고는 함수에서 나오는 예외를 처리할 준비를 해야 한다.

반면 타입 안전성을 채택하면 잘못된 데이터를 방어하기 위한 맞춤 솔루션을 구현할 필요가 없어진다. 타입 시스템에서 대신 처리하기 때문이다. 코드가 어떤 타입으로 작업하는지에 관해 생각하고 거기서부터 시작하면 된다. 코드가 필요한 것을 어떻게 얻는지가 아니라 무엇이 필요한지를 생각하자.

명백히 심각성이 낮은 버그

Flow와 같은 타입 검사기를 사용해 잘못된 타입의 결과로 생기는 잠재적 에러를 제거할 수 있다면 높은 레벨의 애플리케이션 버그만 남게 된다. 이러한 버그는 애플리케이션에 눈에 띄는 문제를 발생시키므로 금방 그 원인을 알 수 있다. 잘못된 출력을 생성하고 잘못된 수를 계산하며 화면에 로드되지 않는 등의 일이 발생한다. 여러분은 이러한 종류의 버그를 쉽게 볼 수 있으며 대처하기도 수월하다. 즉 버그를 분명히 알게 되며 버그가 분명해지면 추적해서 고치기가 쉽다.

반면에 포착하기 힘든 버그가 있다. 이는 잘못된 타입으로 인해 발생할 수 있다. 이런 종류의 버그가 특히 두려운 점은 무엇이 잘못됐는지 모른다는 것이다. 애플리케이션이 뭔가가 약간 잘못 될 수 있다. 또는 코드의 어느 곳에서 배열을 기대했는데 엉뚱한 것으로 인해 엉망이 될 수도 있고, 어느 곳에서는 이터러블^{iterable}이 적용되는데 다른 곳에서는 적용되지 않기 때문일 수 있다.

타입 애노테이션을 사용해서 Flow로 소스를 검사했다면 배열이 아닌 것을 전달하는 것으로 나타났을 것이다. 타입을 정적으로 점검하면 이러한 종류의 에러가 발생할 여지가 없다. 이들 에러는 일반적으로 파악하기 어려운 버그다.

▌ Flow 설치 및 초기화

타입이 안전한 React 컴포넌트를 구현하기에 앞서 Flow를 설치하고 초기화해야 한다. create-react-app 환경에서 이 작업을 어떻게 하는지 보여주겠지만, 거의 아무 React 환경에서도 동일한 단계를 수행해도 된다.

Flow는 글로벌로 설치해도 되지만, 프로젝트가 종속하는 다른 모든 패키지와 함께 로컬로 설치하는 것이 좋다. 글로벌로 설치해야 하는 뚜렷한 이유가 없다면 로컬로 설치하자. 이렇게 하면 여러분의 애플리케이션을 설치하는 누구라도 npm install을 실행해 모든 종속성을 얻을 수 있다.

Flow를 로컬로 설치하려면 다음 명령을 실행한다.

```
npm install flow-bin --save-dev
```

그러면 Flow가 프로젝트에 로컬로 설치되고, 여러분 프로젝트의 종속성으로도 Flow가 설치되도록 package.json을 업데이트한다. 이제 package.json에 새 명령을 추가해 소스 코드에 관해 Flow 타입 검사기를 실행할 수 있게 하자. scripts 섹션을 다음과 같게 한다.

```
"scripts": {
  "start": "react-scripts start",
  "build": "react-scripts build",
  "test": "react-scripts test --env=jsdom",
  "eject": "react-scripts eject",
  "flow": "flow"
},
```

이제 터미널에서 다음 명령을 실행하면 Flow를 실행할 수 있다.

npm run flow

그러면 예상대로 flow 스크립트가 실행되지만, Flow는 다음과 같이 Flow 구성 파일을 찾을 수 없다는 메시지를 나타낸다.

Could not find a .flowconfig in . or any of its parent directories.

이 문제를 해결하는 가장 쉬운 방법은 다음과 같이 flow init 명령을 사용하는 것이다.

npm run flow init

그러면 프로젝트 디렉터리에 .flowconfig 파일이 생성된다. 지금 당장 이 파일에서 무엇을 변경할 것인지에 관해서는 신경 쓸 필요가 없다. 즉 이 파일이 존재하기만 하면 된다. 이제 npm run flow를 실행하면 다음과 같이 아무 에러가 없다는 메시지가 나타날 것이다.

Launching Flow server for 05/installing-and-initializing-flow
Spawned flow server (pid=46516)

No errors!

소스 파일 중 어떤 것도 실제로 검사되지 않았다. 기본적으로 Flow는 파일의 첫 행에
// @flow 디렉티브가 있어야만 검사하기 때문이다. 다음과 같이 App.js의 맨 위에 이런
행을 추가해보자.

```
// @flow
import React, { Component } from 'react';
import logo from './logo.svg';
import './App.css';

class App extends Component {
  render() {
    return (
      <div className="App">
        <header className="App-header">
          <img src={logo} className="App-logo" alt="logo" />
          <h1 className="App-title">Welcome to React</h1>
        </header>
        <p className="App-intro">
          To get started...
        </p>
      </div>
    );
  }
}

export default App;
```

Flow가 이 모듈을 점검 중이므로 다음과 같은 에러가 발생할 것이다.

```
6: class App extends Component {
```

```
          ^^^^^^^^^^ Component. Too few type arguments.
```
Expected at least 1

이게 무슨 소리일까? Flow는 다음과 같은 에러 출력 행에 관한 설명을 하려고 한 것이다.

```
Component<Props, State = void> {
          ^^^^^^^^^^^^ See type parameters of definition here.
```

Flow는 App으로 확장할 Component 클래스에 관해 불평을 하는 것이다. 즉 props용으로 Component에 적어도 하나의 type 인자를 제공하라는 뜻이다. App은 실제로 어떤 props도 사용하지 않으므로 지금은 다음과 같이 비어 있는 타입이면 된다.

```javascript
// @flow
import React, { Component } from 'react';
import logo from './logo.svg';
import './App.css';

type Props = {};

class App extends Component<Props> {
  render() {
    return (
      <div className="App">
        <header className="App-header">
          <img src={logo} className="App-logo" alt="logo" />
          <h1 className="App-title">Welcome to React</h1>
        </header>
        <p className="App-intro">
          To get started...
        </p>
      </div>
```

```
  );
    }
}

export default App;
```

이제 Flow를 다시 실행하면 **App.js**에 에러가 없다! 즉 여러분의 모듈에 타입 정보의 애노테이션을 성공적으로 추가했다는 뜻이며, Flow는 정적으로 소스를 분석해 모든 것이 올바른지 확인하는 데 이 타입 정보를 사용하게 된다.

그렇다면 Flow는 제네릭^{generic}의 관점에서 React의 **Component** 클래스가 무엇을 예상하는지 어떻게 알았을까? React는 애노테이션된 Flow 타입 자체이며, 이것으로 Flow가 문제를 감지했을 때 특정 에러 메시지를 얻게 된다.

다음으로 `// @flow` 디렉티브를 **index.js**의 맨 위에 추가해보자.

```
// @flow
import React from 'react';
import ReactDOM from 'react-dom';
import './index.css';
import App from './App';
import registerServiceWorker from './registerServiceWorker';

const root = document.getElementById('root');

ReactDOM.render(
  <App />,
  root
);

registerServiceWorker();
```

npm run flow를 다시 실행하면 그래도 다음 에러가 나타날 것이다.

```
Error: src/index.js:12
 12:    root
        ^^^^ null. This type is incompatible with the expected param
             type of Element
```

이것은 root의 값이 document.getElementById('root')에서 나왔기 때문이다. 이 메소드가 요소를 반환하는 DOM이 없으므로 Flow는 null 값을 감지하고 불평하는 것이다. 이것은 관심을 가져야 할 일(root 요소가 없을 수도 있기 때문)이며, 요소가 없을 때 Flow가 따라가야 할 길이 필요하므로 다음과 같이 이 경우를 처리할 로직을 추가하면 된다.

```javascript
// @flow
import React from 'react';
import ReactDOM from 'react-dom';
import './index.css';
import App from './App';
import registerServiceWorker from './registerServiceWorker';

const root = document.getElementById('root');

if (!(root instanceof Element)) {
  throw 'Invalid root';
}

ReactDOM.render(
  <App />,
  root
);

registerServiceWorker();
```

이와 같이 `ReactDOM.render( )`를 호출하기 전에 `root` 타입을 수동으로 검사해 Flow가 무엇을 알아볼 것인지 예상하게 할 수 있다. 이제 `npm run flow`을 실행하면 에러가 없어진다.

전부 준비됐다! Flow가 로컬에 설치되고 구성됐으므로 `create-react-app`의 초기 소스가 타입 검사기를 통과한다. 이제 타입에 안전한 React 컴포넌트를 개발할 수 있다.

▌컴포넌트 프로퍼티 및 상태 검증

React는 Flow 정적 타입 점검을 염두에 두고 설계됐다. React 애플리케이션에서 Flow를 가장 많이 사용하는 것은 컴포넌트 프로퍼티 및 상태가 올바르게 사용되고 있는지 확인하기 위해서다. 다른 컴포넌트의 자식으로 허용되는 컴포넌트 타입을 적용할 수도 있다.

Flow 이전에 React는 prop-types 메커니즘을 사용해 컴포넌트에 전달된 값의 유효성을 검사했다. 이것은 현재 React와는 별도의 패키지이며, 여러분은 여전히 그것을 사용할 수 있다. prop-types가 런타임으로 유효성 검사를 수행하는 반면 Flow는 정적으로 검사를 수행하므로 prop-types보다 Flow를 선택하는 것이 좋다. 즉 런타임 중에 애플리케이션에서 불필요한 코드를 실행할 필요가 없다.

프리미티브 프로퍼티 값

props을 통해 컴포넌트에 전달되는 값의 가장 일반적인 타입은 프리미티 값이다(예를 들면 문자열, 숫자, 불리언). Flow를 사용하면 해당 프로퍼티에 관해 어떤 프리미티브 값을 허용할지에 관한 타입을 선언할 수 있다.

다음 예제를 보자.

```
// @flow
import React from 'react';

type Props = {
  name: string,
  version: number
};

const Intro = ({ name, version }: Props) => (
  <p className="App-intro">
    <strong>{name}:</strong>{version}
  </p>
);

export default Intro;
```

이 컴포넌트는 어떤 앱의 이름과 버전을 렌더링한다. 이들 값은 프로퍼티 값을 통해 전
달된다. 이 컴포넌트의 경우 여러분은 name 프로퍼티의 문자열 값과 version 프로퍼티
의 숫자 값만 필요한 것으로 가정하자. 이 모듈은 다음과 같이 type 키워드를 사용해 새
로운 Props 타입을 선언한다.

```
type Props = {
  name: string,
  version: number
};
```

이 Flow 구문을 사용하면 함수 인자의 타입을 정하는 데 사용할 수 있는 새 타입을 만
들 수 있다. 여기서는 props를 첫 번째 인자로 전달하는 함수형 React 컴포넌트가 있다.
여기서 다음과 같이 props 객체가 특정 타입을 가져야 한다고 Flow에게 알려준다.

```
({ name, version }: Props) => (...)
```

이 위치에서 Flow는 이 요소에 잘못된 props 타입을 전달할 곳이 있는지 파악하게 된다. 더 나은 점은 브라우저에서 무언가 실행되기 전에 이 일을 정적으로 수행한다는 것이다. Flow 이전에는 런타임 중에 컴포넌트 props의 유효성을 검사하기 위해 prop-types 패키지를 사용해야 한다.

이 컴포넌트를 사용하도록 설정하고 나서 Flow을 실행하자. 다음은 Intro 컴포넌트를 사용하는 App.js이다.

```
// @flow
import React, { Component } from 'react';
import logo from './logo.svg';
import './App.css';
import Intro from './Intro';

type Props = {};

class App extends Component<Props> {
  render() {
    return (
      <div className="App">
        <header className="App-header">
          <img src={logo} className="App-logo" alt="logo" />
          <h1 className="App-title">Welcome to React</h1>
        </header>
        <Intro name="React" version={16} />
      </div>
    );
  }
}

export default App;
```

Intro에 전달한 프로퍼티 값은 Props 타입의 예상과 맞아떨어진다.

```
<Intro name="React" version={16} />
```

npm run flow를 실행해 이를 검증할 수 있다. 출력으로 No errors!가 나올 것이다. 이들 프로퍼티의 타입을 다음과 같이 변경하면 어떻게 되는지 보자.

```
<Intro version="React" name={16} />
```

숫자가 예상되는 곳에 문자열을 전달하고, 문자열이 예상되는 곳에 숫자를 전달한 것이다. npm run flow를 다시 실행하면 다음 에러가 나타날 것이다.

```
Error: src/App.js:17
  17:          <Intro version="React" name={16} />
               ^^^^^^^^^^^^^^^^^^^^^^^^^^^^^^^^^^^ props of React element
               'Intro'. This type is incompatible with
   9: const Intro = ({ name, version }: Props) => (
                                        ^^^^^ object type. See: src/Intro.
                                        js:9
    Property 'name' is incompatible:
      17:          <Intro version="React" name={16} />
                                               ^^ number. This type is
                                                  incompatible with
        5:    name: string,
              ^^^^^^ string. See: src/Intro.js:5
Error: src/App.js:17
  17:          <Intro version="React" name={16} />
               ^^^^^^^^^^^^^^^^^^^^^^^^^^^^^^^^^^^ props of React element
               'Intro'. This type is incompatible with
   9: const Intro = ({ name, version }: Props) => (
                                        ^^^^^ object type. See: src/Intro.
                                        js:9
    Property 'version' is incompatible:
      17:          <Intro version="React" name={16} />
```

```
                                        ^^^^^^^ string. This type is incompatible
                                        with
    6:    version: number
                   ^^^^^^ number. See: src/Intro.js:6
```

이 2개의 에러는 긴 줄을 통해 문제가 무엇인지 알려준다. 먼저 다음과 같이 컴포넌트 프로퍼티 값이 전달된 위치를 표시하는 것으로 시작한다.

```
    <Intro version="React" name={16} />
    ^^^^^^^^^^^^^^^^^^^^^^^^^^^^^^^^^^^^ props of React element `Intro`.
```

그리고 나서 Props 타입이 사용되는 위치(프로퍼티 인자의 타입을 선언)를 표시한다.

```
    This type is incompatible with
     9: const Intro = ({ name, version }: Props) => (
                                           ^^^^^ object type. See: src/Intro.
                                           js:9
```

마지막으로 타입에 관한 정확한 문제점이 무엇인지 보여준다.

```
    Property `name` is incompatible:
        17:          <Intro version="React" name={16} />
                                             ^^ number. This type is
                                             incompatible with
        5:    name: string,
                   ^^^^^^ string. See: src/Intro.js:5
```

Flow 에러 메시지에서는 가능한 한 많은 정보를 제공하는데, 파일을 추적하는 데 시간을 줄여준다.

객체 프로퍼티 값

앞 절에서는 프리미티브 프로퍼티 타입을 어떻게 점검하는지를 배웠다. React 컴포넌트는 프리미티브 값을 가진 객체(그리고 그 외 다른 객체)를 허용할 수 있다. 컴포넌트가 객체를 프로퍼티 값으로 예상하면 여러분은 프리미티브 값으로 했던 것과 동일한 방법을 사용하면 된다. 차이점은 다음과 같이 Props 타입 선언을 구조화하는 방식이다.

```
// @flow
import React from 'react';

type Props = {
  person: {
    name: string,
    age: number
  }
};

const Person = ({ person }: Props) => (
  <section>
    <h3>Person</h3>
    <p><strong>Name: </strong>{person.name}</p>
    <p><strong>Age: </strong>{person.age}</p>
  </section>
);

export default Person;
```

이 컴포넌트는 객체인 person 프로퍼티가 필요하다. 게다가 이 객체는 name 문자열 프로퍼티와 age 숫자 프로퍼티를 가지는 것으로 예상된다. 사실 person 프로퍼티가 필요한 다른 컴포넌트가 있다면 다음과 같이 이 타입을 재사용할 수 있는 부분으로 나눌 수 있다.

```
type Person = {
  name: string,
  age: number
};

type Props = {
    person: Person
};
```

이제 이 컴포넌트에 프로퍼티로 전달되는 값을 보자.

```
// @flow
import React, { Component } from 'react';
import logo from './logo.svg';
import './App.css';
import Person from './Person';

class App extends Component<{}> {
  render() {
    return (
      <div className="App">
        <header className="App-header">
          <img src={logo} className="App-logo" alt="logo" />
          <h1 className="App-title">Welcome to React</h1>
        </header>
        <Person person={{ name: 'Roger', age: 20 }} />
      </div>
    );
  }
}

export default App;
```

Person 컴포넌트에 여러 프로퍼티 값을 전달하는 대신 Props 타입의 예상 타입을 충족하는 객체인 단일 프로퍼티 값을 전달한다. 그렇지 않으면 Flow가 불만을 제기할 것이다. 이 객체에서 다음과 같이 프로퍼티 하나를 제거해보자.

```
<Person person={{ name: 'Roger' }} />
```

이제 npm run flow를 실행하면 Flow는 다음과 같이 person에게 전달한 객체에서 발생한 누락된 프로퍼티에 관해 불평한다.

```
15:          <Person person={{ name: 'Roger' }} />
             ^^^^^^^^^^^^^^^^^^^^^^^^^^^^^^^^^^^^^ props of React element
             'Person'. This type is incompatible with
11: const Person = ({ person }: Props) => (
                                 ^^^^^ object type. See: src/Person.js:11
                                 Property 'person' is incompatible:
   15:          <Person person={{ name: 'Roger' }} />
                          ^^^^^^^^^^^^^^^^^^ object literal. This
                          type is incompatible with
              v
5:    person: {
6:      name: string,
7:      age: number
8:    }
      ^ object type. See: src/Person.js:5
Property 'age' is incompatible:
                v
5:    person: {
6:      name: string,
7:      age: number
8:    }
      ^ property 'age'. Property not found in. See: src/Person.
      js:5
```

```
15:            <Person person={{ name: 'Roger' }} />
                         ^^^^^^^^^^^^^^^^^^ object literal
```

프로퍼티 값을 아주 색다르게 사용해도 Flow는 여러분이 잘못 사용했는지를 파악할 수 있다. prop-types와 같은 것을 사용해 런타임으로 동일한 일을 한다면 아주 번거로울 것이다.

컴포넌트 상태의 유효화

컴포넌트에 전달된 props 인자의 타입을 정함으로써 함수형 React 컴포넌트의 프로퍼티에 관해 유효성 검사를 할 수 있다. 어떤 컴포넌트는 상태를 가질 것이므로 프로퍼티와 거의 동일하게 컴포넌트의 상태에 관한 유효성을 검사할 수 있다. 컴포넌트의 상태를 나타내는 타입을 만들어 타입 인자로 Component에 전달하면 된다.

다음과 같이 자식 컴포넌트에 의해 사용되고 조작되는 상태를 가진 컨테이너 컴포넌트를 알아보자.

```
// @flow
import React, { Component } from 'react';
import Child from './Child';

type State = {
  on: Boolean
};

class Container extends Component<{}, State> {
  state = {
    on: false
  }

  toggle = () => {
```

```
        this.setState(state => ({
          on: !state.on
        }));
    }

    render() {
      return (
        <Child
          on={this.state.on}
          toggle={this.toggle}
        />);
    }
}

export default Container;
```

Container가 렌더링하는 Child 컴포넌트는 on 불리언 프로퍼티와 toggle 함수를 받는다. Child에게 전달되는 toggle() 메소드는 Container 상태를 변경할 것이다. 즉 Child는 부모의 상태를 변경하기 위해 이 함수를 호출할 수 있다. 이 모듈의 컴포넌트 클래스 위쪽에는 상태 설정 값을 지정하는 데 사용되는 State 타입이 있다. 여기서 상태는 단순히 on 불리언 값이다.

```
type State = {
  on: boolean
};
```

그러고 나서 컴포넌트가 확장될 때 타입 인자로서 Component에게 전달된다.

```
class Container extends Component<{}, State> {
  ...
}
```

이 타입 인자를 Component에게 전달하면 원하는 대로 컴포넌트 상태를 설정할 수 있다. 예를 들어 Child 컴포넌트는 toggle() 메소드를 호출해 Container 컴포넌트의 상태를 변경한다. 이 호출에서 상태를 잘못 설정하면 Flow는 이를 감지하고 불만을 제기할 것이다. Flow가 동의하지 않는 것으로 상태를 설정하면 실패가 나올 수 있게 toggle() 구현을 다음과 같이 변경해보자.

```
toggle = () => {
  this.setState(state => ({
    on: !state.on + 1
  }));
}
```

다음과 같은 에러가 발생할 것이다.

```
    Error: src/Container.js:16
    16:        on: !state.on + 1
                   ^^^^^^^^^^^^^ number. This type is incompatible with
     6:    on: boolean
               ^^^^^^^ boolean
```

컴포넌트에 상태를 잘못 설정하는 것은 개발 중에 쉽게 일어날 수 있으므로 Flow를 사용하면 잘못된 작업을 실시간으로 알 수 있다.

함수 프로퍼티 값

한 컴포넌트의 함수를 다른 컴포넌트에게 프로퍼티로 전달하는 것은 아주 보통이다. Flow를 사용하면 컴포넌트에게 함수를 전달할 수 있을 뿐만 아니라 함수의 수정 타입도 전달할 수 있다.

React 애플리케이션의 공통 패턴을 살펴보는 것으로 이 아이디어를 알아보자. Article 컴포넌트를 렌더링하는 다음과 같은 Articles 컴포넌트가 있다고 하자.

```
// @flow
import React, { Component } from 'react';
import Article from './Article';

type Props = {};
type State = {
  summary: string,
  selected: number | null,
  articles: Array<{ title: string, summary: string}>
};

class Articles extends Component<Props, State> {
  state = {
    summary: '',
    selected: null,
    articles: [
      { title: 'First Title', summary: 'First article summary' },
      { title: 'Second Title', summary: 'Second article summary' },
      { title: 'Third Title', summary: 'Third article summary' }
    ]
  }

  onClick = (selected: number) => () => {
    this.setState(prevState => ({
      selected,
      summary: prevState.articles[selected].summary
    }));
  }

  render() {
    const {
      summary,
```

```
      selected,
      articles
    } = this.state;

    return (
      <div>
        <strong>{summary}</strong>
        <ul>
          {articles.map((article, index) => (
            <li key={index}>
              <Article
                index={index}
                title={article.title}
                selected={selected === index}
                onClick={this.onClick}
              />
            </li>
          ))}
        </ul>
      </div>
    );
  }
}

export default Articles;
```

Articles 컴포넌트는 상태를 가지며, 이 상태를 사용해 자식 Article 컴포넌트를 렌더링하므로 컨테이너 컴포넌트다. 또한 summary 상태와 selected 상태를 변경하는 onClick() 메소드를 정의한다. 여기서 아이디어는 Article 컴포넌트가 상태 변경을 일으킬 수 있게 이 메소드에 관한 접근이 필요하다는 것이다. onClick() 메소드를 들여다보면 새 이벤트 처리기 함수를 반환한다는 것을 알 수 있다. 클릭 이벤트가 실제로 반환된 함수를 호출하면 선택된 인자에 관해 제한된 접근 권한을 갖게 된다.

이제 Article 컴포넌트를 살펴보고 여러분의 컴포넌트에 전달할 함수를 얻는 데 Flow 가 어떻게 이용되는지 알아보자.

```
// @flow
import React from 'react';

type Props = {
  title: string,
  index: number,
  selected: boolean,
  onClick: (index: number) => Function
};

const Article = ({
  title,
  index,
  selected,
  onClick
}: Props) => (
  <a href="#"
    onClick={onClick(index)}
    style={{ fontWeight: selected ? 'bold' : 'normal' }}
  >
    {title}
  </a>
);

export default Article;
```

이 컴포넌트가 렌더링하는 <a> 요소의 onClick 처리기는 프로퍼티로 전달한 onClick() 함수를 호출하며, 새 함수가 반환되길 기대한다. 다음과 같이 Props 타입 선언을 살펴보면 onClick 프로퍼티가 이 특정 타입의 함수를 예상한다는 것을 알 수 있다.

```
type Props = {
  onClick: (index: number) => Function,
  ...
};
```

이렇게 하면 이 프로퍼티는 어떤 함수이며 숫자 인자를 받아 새 함수를 반환한다는 것을 Flow에게 알린다. 이 컴포넌트에게 이벤트 처리기 함수를 반환하는 함수 대신에 이벤트 처리기 함수를 바로 전달하는 것은 흔한 실수다. Flow는 이 실수를 쉽게 잡아내므로 여러분은 수월하게 고칠 수 있다.

자식 컴포턴트 타입의 적용

Flow는 상태 및 프로퍼티 값의 타입에 관한 유효성 검사 외에도 컴포넌트가 올바른 자식 컴포넌트를 얻는지도 확인한다. 다음 절에서는 잘못된 자식을 전달해서 컴포넌트를 잘못 사용할 때 Flow가 알려주는 일반적인 상황을 설명할 것이다.

특정 자식 타입을 가진 부모

컴포넌트는 특정 타입의 자식 컴포넌트로만 작동해야 한다는 것을 Flow에게 지시할 수 있다. Child 컴포넌트가 존재하는데 이 컴포넌트가 작업 중인 컴포넌트의 자식으로서 허용되는 유일한 타입의 컴포넌트라고 하자. 이 제약 조건을 Flow에 알리는 방법은 다음과 같다.

```
// @flow
import * as React from 'react';
import Child from './Child';

type Props = {
```

```
  children: React.ChildrenArray<React.Element<Child>>,
};

const Parent = ({ children }: Props) => (
  <section>
    <h2>Parent</h2>
    {children}
  </section>
);

export default Parent;
```

첫 번째 import 문부터 시작해보자.

```
import * as React from 'react';
```

React로서 별표를 임포트하는 이유는 React 내에 사용 가능한 모든 Flow 타입 선언을 가져오기 위해서다. 이 예제에서는 ChildrenArray 타입을 사용해 값이 컴포넌트의 자식 요소임을 지정하고, Element는 React 요소가 필요하다는 것을 지정한다. 이 예제에서 사용된 타입 인자는 Child 컴포넌트가 여기서 허용되는 유일한 컴포넌트 타입이라는 것을 Flow에게 알린다.

이 JSX는 다음과 같이 Flow에게 자식 제약 조건을 고려해서 유효성 검사를 전달한다.

```
<Parent>
  <Child />
  <Child />
</Parent>
```

Parent의 자식으로 렌더링되는 Child 컴포넌트의 수에는 제한이 없으며, 단 하나라도 있으면 된다.

하나의 자식을 가진 부모

일부 컴포넌트의 경우 둘 이상의 자식을 갖는 것은 바람직하지 않다. 이러한 경우 React.ChildrenArray 타입 대신 다음과 같이 React.Element 타입을 사용한다.

```
// @flow
import * as React from 'react';
import Child from './Child';

type Props = {
  children: React.Element<Child>,
};

const ParentWithOneChild = ({ children }: Props) => (
  <section>
    <h2>Parent With One Child</h2>
    {children}
  </section>
);

export default ParentWithOneChild;
```

이전의 예제와 마찬가지로 허용되는 자식 컴포넌트의 타입을 지정할 수 있다. 여기서 자식 컴포넌트는 './Child'에서 임포트한 Child라고 한다.

이 컴포넌트를 자식 컴포넌트에 전달하는 방법은 다음과 같다.

```
<ParentWithOneChild>
  <Child />
</ParentWithOneChild>
```

여러 자식 컴포넌트를 전달하면 Flow는 다음과 같이 불평한다.

```
Property `children` is incompatible:
    24:            <ParentWithOneChild>
                   ^^^^^^^^^^^^^^^^^^^^ React children array. Inexact type is
                   incompatible with exact type
     6:    children: React.Element<Child>,
                     ^^^^^^^^^^^^^^^^^^^^ object type. See: src/
                     ParentWithOneChild.js:6
```

이번에도 Flow 에러 메시지는 코드의 어디에서 무엇이 잘못됐는지를 보여준다.

자식이 옵션인 부모

항상 자식 컴포넌트를 요구하는 것은 불필요하며 실제로 고민거리가 될 수 있다. 예를 들어 API에서 아무것도 반환되지 않아서 렌더링할 것이 없다면 어떻게 해야 할까? 다음은 Flow 구문을 사용해 자식을 어떻게 옵션으로 지정하는지에 관한 예다.

```
// @flow
import * as React from 'react';
import Child from './Child';

type Props = {
  children?: React.Element<Child>,
};

const ParentWithOptionalChild = ({ children }: Props) => (
  <section>
    <h2>Parent With Optional Child</h2>
    {children}
  </section>
);

export default ParentWithOptionalChild;
```

이것은 특정 타입의 요소를 요구하는 React 컴포넌트와 매우 흡사하다. 차이점은 children?와 같이 물음표가 붙어 있다는 점이다. 이것은 Child 타입의 자식 컴포넌트를 전달하거나 전혀 자식이 없다는 뜻이다.

프리미티브 자식 값을 가진 부모

프리미티브 값을 자식으로 갖는 React 컴포넌트를 렌더링하는 것은 흔한 일이다. 어떤 경우에는 문자열 또는 불리언 타입도 허용할 수 있다. 그 방법은 다음과 같다.

```
// @flow
import * as React from 'react';

type Props = {
  children?: React.ChildrenArray<string|boolean>,
};

const ParentWithStringOrNumberChild = ({ children }: Props) => (
  <section>
    <h2>Parent With String or Number Child</h2>
    {children}
  </section>
);

export default ParentWithStringOrNumberChild;
```

또다시 React.ChildrenArray 타입을 사용해 여러 자식 요소를 허용하도록 지정할 수 있다. 특정 자식 타입을 지정하려면 React.ChildrenArray에 타입 인자로 전달한다(여기서는 문자열 및 불리언 조합이다). 이제 이 컴포넌트를 다음과 같이 문자열로 렌더링할 수 있다.

```
<ParentWithStringOrNumberChild>
```

```
  Child String
</ParentWithStringOrNumberChild>
```

또는 다음과 같이 불리언으로 렌더링할 수 있다.

```
<ParentWithStringOrNumberChild>
  {true}
</ParentWithStringOrNumberChild>
```

또는 다음과 같이 둘 다 사용할 수 있다.

```
<ParentWithStringOrNumberChild>
  Child String
  {false}
</ParentWithStringOrNumberChild>
```

▍ 이벤트 처리기 함수에 관한 유효성 검사

React 컴포넌트는 이벤트에 응답하는 함수를 사용한다. 이를 **이벤트 처리기**event handler 함수라고 하며, React 이벤트 시스템이 이러한 함수를 호출할 때 이벤트 객체를 인자로 전달한다. Flow를 사용해 이들 이벤트 인자의 타입을 명시적으로 정해놓으면 이벤트 처리기는 자신이 예상한 요소 타입을 확실히 얻을 수 있다.

예를 들어 <a> 요소의 클릭에 응답하는 컴포넌트에서 작업 중이라고 하자. 이벤트 처리기 함수는 href 프로퍼티를 얻기 위해 클릭된 요소와 상호 작용해야 한다. 다음과 같이 React가 노출하는 Flow 타입을 사용하면 올바른 요소 타입만이 함수를 실행하는 이벤트를 발생시키게 할 수 있다.

```
// @flow
import * as React from 'react';
import { Component } from 'react';

class EventHandler extends Component<{}> {
  clickHandler = (e: SyntheticEvent<HTMLAnchorElement>): void => {
    e.preventDefault();
    console.log('clicked', e.currentTarget.href);
  }

  render() {
    return (
      <section>
        <a href="#page1" onClick={this.clickHandler}>
          First Link
        </a>
      </section>
    );
  }
}

export default EventHandler;
```

이 예제에서 clickHandler() 함수는 <a> 요소의 onClick 처리기로 지정된다. 이벤트 인자의 타입, 즉 SyntheticEvent<HTMLAnchorElement>를 주목하자. Flow는 이를 사용해 이벤트를 사용하는 코드가 해당 이벤트의 적절한 프로퍼티와 그 이벤트의 current Target에만 접근하게 한다.

currentTarget은 이벤트를 발생시키는 요소이며, 이 예제에서는 HTMLAnchorElement인 것으로 지정했다. 다른 타입을 사용했다면 Flow는 href 프로퍼티를 참조하는 것에 관해 불평을 나타낼 것인데, 그 이유는 그것이 다른 HTML 요소에는 존재하지 않기 때문이다.

개발 서버에서 Flow 가능하게 하기

React 코드에 관한 타입 점검이 좀 더 긴밀히 create-react-app 개발 프로세스에 통합된다면 좋지 않을까? 앞으로 create-react-app의 릴리스에서 이것을 현실화하는 이야기가 있었다. 지금은 프로젝트에서 이 기능을 사용하려면 create-react-app에서 벗어나야 한다.

이 방법의 목표는 변경 사항이 감지될 때마다 개발 서버에서 Flow를 실행하게 하는 것이다. 그러면 dev 서버 콘솔 출력과 브라우저 콘솔에서 Flow 출력을 볼 수 있다.

npm eject를 실행해 create-react-app에서 벗어난 후에는 다음 웹팩 플러그인을 설치해야 한다.

```
npm install flow-babel-webpack-plugin --save-dev
```

그러고 나서 config/webpack.config.dev.js를 편집해 이 플러그인을 가능하게 해야한다. 먼저 다음과 같이 이 플러그인을 포함시킨다.

```
const FlowBabelWebpackPlugin = require('flow-babel-webpack-plugin');
```

그런 다음 plugins 옵션의 배열에 이 플러그인을 추가한다. 그러고 나면 이 배열은 다음과 같이 보일 것이다.

```
plugins: [
  new InterpolateHtmlPlugin(env.raw),
  new HtmlWebpackPlugin({
    inject: true,
    template: paths.appHtml,
  }),
```

```
  new webpack.NamedModulesPlugin(),
  new webpack.DefinePlugin(env.stringified),
  new webpack.HotModuleReplacementPlugin(),
  new CaseSensitivePathsPlugin(),
  new WatchMissingNodeModulesPlugin(paths.appNodeModules),
  new webpack.IgnorePlugin(/^\.\/locale$/, /moment$/),
  new FlowBabelWebpackPlugin()
],
```

이게 전부다. 이제 dev 서버를 시작하면 Flow가 자동으로 실행되고, 웹팩 빌드 프로세스의 일부분으로써 코드의 타입을 점검할 것이다. App.js의 맨 위에 @flow 디렉티브를 추가하고 npm start를 실행하자. App 컴포넌트는 Component의 하위 클래스로서 유효성을 검사하지 않으므로 다음과 같이 dev 서버 콘솔 출력에 에러가 나타날 것이다.

```
Failed to compile.
Flow: Type Error
Error: src/App.js:6
  6: class App extends Component {
                      ^^^^^^^^^^ Component. Too few type arguments.
                      Expected at least 1
 26: declare class React$Component<Props, State = void> {
                                   ^^^^^^^^^^^^^ See type parameters of
                      definition here.

Found 1 error
```

이 접근법에 관해 내가 정말 좋아하는 점은 Flow 에러가 있어도 dev 서버가 여전히 시작될 거라는 점이다. 브라우저에서 앱을 보면 다음과 같이 보일 것이다.

```
Failed to compile

Flow: Type Error
Error: src/App.js:6
  6: class App extends Component {
                      ^^^^^^^^^ Component. Too few type arguments. Expected at least 1
 26: declare class React$Component<Props, State = void> {
                                   ^^^^^^^^^^^^ See type parameters of definition here.


Found 1 error
Please wait. Server is garbage collecting shared memory: -

This error occurred during the build time and cannot be dismissed.
```

즉 타입 에러를 잡기 위해서 개발 도중에 dev 서버 콘솔을 볼 필요가 없다. 개발 dev 서버의 일부분이 됐으므로 코드를 변경할 때마다 Flow는 코드를 다시 검사한다. 이제 다음과 같이 프로퍼티 타입 인자(<{}>)를 전달해 App.js의 현재 에러를 고쳐보자.

```
class App extends Component<{}> {
  ...
}
```

이렇게 변경한 후에는 파일을 저장한다. 에러는 사라지고 다시 작업을 할 수 있게 됐다.

▌ 편집기에서 Flow 가능하게 하기

Flow를 사용해 React 코드의 유효성을 검사하는 마지막 옵션은 코드 편집기에 이 프로세스를 통합하는 것이다. 인기 있는 Atom 편집기를 사용하고 있으므로 이 편집기를 예제로 삼을 것이지만, 다른 편집기에서도 Flow를 통합할 수 있는 옵션이 있을 것이다.

Atom(https://atom.io/) 편집기에서 Flow 기능을 가능하게 하려면 다음 그림과 같은

linter-flow 패키지를 설치해야 한다.[1]

설치가 끝나면 linter-flow의 실행 경로 설정을 변경해야 한다. 기본적으로 이 플러그인은 Flow가 글로벌로 설치돼 있다고 가정하는데, 여러분은 그렇게 설치하지 않았을 수도 있다. 다음과 같이 이 플러그인에게 로컬 node_modules 디렉터리에서 Flow 실행 파일을 찾도록 지시해야 한다.

모두 준비됐다. 이것이 정상적으로 작동하는지 확인하려면 create-reaction-app을 새로 실행한 후 App.js를 열고, 파일 맨 위에 @flow 디렉티브를 추가해보자. Flow에서 에러를 발생시킬 것이며, Atom 내에서는 다음과 같이 나타나야 한다.

Linter			
Severity	Provider	Description	Line
Error	Flow	Component Too few type arguments. Expected at least 1 See type parameters of definition here	6:19

---

1   Atom 편집기의 Welcome Guide에서 [Install a Package] 버튼을 클릭한 후 [Open Installer] 버튼을 클릭한다. [Install Packages] 패널이 나타나면 해당 패키지 이름을 검색어로 넣고 찾아서 설치하면 된다. Welcome Guide가 나타나 있지 않으면 메뉴에서 [Help → Welcome Guide]를 선택하면 나타난다. – 옮긴이

Linter는 Flow가 불평을 하게 만든 문제의 코드도 다음과 같이 강조 표시한다.

```
5
6    ●class App extends Component {
7        render() {
8            return (
```

편집기 내에서 Flow를 사용하는 접근 방식을 사용하면 코드를 타입 점검하기 위해 창을 전환하기는커녕 저장할 필요도 없다(그저 작성하기만 하면 된다).

▌ 요약

5장에서는 왜 React 코드의 타입 점검이 중요한지에 관해 배웠다. React 코드의 타입을 점검하는 데 사용되는 도구인 Flow에 관해서도 알게 됐다. 타입 점검은 대부분의 경우 런타임 점검을 수행할 필요가 없으므로 React 애플리케이션에서 중요하다. 그 이유는 Flow가 코드 경로를 정적으로 따라가서 모든 것이 의도한 대로 사용되는지를 알아낼 수 있기 때문이다.

그러고 나서 Flow를 React 애플리케이션에 로컬로 설치하고 이를 실행하는 방법을 배웠다. 그런 다음 React 컴포넌트의 프로퍼티 및 상태 값에 관해 유효성을 검사하는 기본 사항을 배웠다. 그러고 나서 함수 타입을 점검하는 방법과 자식 React 컴포넌트 타입을 적용하는 방법을 배웠다.

Flow는 `create-reaction-app dev` 서버에서 사용할 수 있지만, 먼저 `create-reaction-app`에서 벗어나야 한다. `create-react-app`의 차후 버전에서는 dev 서버의 일부분으로 Flow를 실행할 수 있게 더 잘 통합된 지원이 있을 것이다. 또 다른 옵션으로는 Atom과 같은 코드 편집기에 Flow 플러그인을 설치하고 코드 작성 시 바로 에러가 나타나게 하는 것이다.

6장에서는 도구들을 사용해 React 코드에서 고품질 수준을 적용하는 방법을 배울 것이다.

06

유지 보수성을 향상시키기 위한 코드 품질 강화

프로젝트의 코드가 일관성 있고 읽기 쉽다면 좋지 않을까? 하지만 이렇게 되지 않는 이유는 일정 수준의 코드 품질을 유지하는 것이 힘들기 때문이다. 무언가를 일일이 하기에 힘들 때는 도구를 사용하게 된다.

6장의 초점은 React 코드 품질이 표준에 맞는지 확인하는 도구를 사용하는 데 있다. 6장에서 배우게 될 내용은 다음과 같다.

- ESLint 설치 및 설정
- React 소스 코드에서 ESLint 실행하기
- 에어비앤비에서 구성 도움말 가져오기

- SX 및 React 컴포넌트 린트[lint1]하기
- 코드 편집기에 ESLint 통합시키기
- ESLint 에러 및 경고에 관한 사용자 정의
- Prettier를 사용해 자동으로 코드 포맷 맞추기

▌ ESLint 설치 및 설정

React 소스 코드의 품질을 자동화하는 첫 번째 단계는 자동화 도구인 ESLint를 설치하고 설정하는 것이다. ESLint가 설치되면 시스템에서 `eslint` 명령어를 사용할 수 있다. 명령어를 설치하는 다른 패키지와 마찬가지로 시스템에서는 해당 명령을 다른 곳에서 사용할 필요가 없으므로 프로젝트의 일부분이 되도록 로컬로 설치하는 것이 좋다.

프로젝트에 ESLint를 설치하려면 다음 npm 명령을 실행한다.

```
npm install eslint --save-dev
```

ESLint가 설치됐으면 ESLint를 실행할 새 npm 스크립트를 만들 수 있다. `package.json` 파일의 `scripts` 섹션에 다음 항목을 추가한다.

```
"scripts": {
  ...
  "lint": "eslint"
},
```

---

1   소스 코드를 분석하는 것을 의미한다. - 옮긴이

이제 프로젝트 내에서 실행할 수 있는 eslint 명령을 갖게 됐다. 다음 명령을 실행해보자.

```
npm run lint
```

소스 파일을 린트하지 않고, 다음과 같이 콘솔에 사용법 메시지가 나타날 것이다.

```
eslint [options] file.js [file.js] [dir]
Basic configuration:
  -c, --config path::String      Use configuration from this file or shareable
                                 config
  --no-eslintrc                  Disable use of configuration from .eslintrc
  --env [String]                 Specify environments
  --ext [String]                 Specify JavaScript file extensions -default:
                                 .js
  --global [String]              Define global variables
  --parser String                Specify the parser to be used
  --parser-options Object        Specify parser options ...
```

보다시피 eslint 명령에 어떤 파일이나 디렉터리를 린트해야 하는지 알려줘야 한다. 모든 코드가 package.json과 같은 디렉터리에 있다고 하자. ESLint가 파일을 찾을 위치를 알 수 있도록 다음과 같이 package.json 파일을 수정한다.

```
"scripts": {
  ...
  "lint": "eslint ."
},
```

eslint 다음에 점(.)이 추가된 것을 보았는가? 이 점은 대부분의 시스템에서 현재 디렉터리를 의미한다. npm run lint를 다시 실행해본다. 이번에는 ESLint가 린트할 소스 파일을 찾으려는 다른 출력이 나타날 것이다.

Oops! Something went wrong! :(

ESLint: 4.15.0.
ESLint couldn't find a configuration file. To set up a configuration file for
this project, please run:
**   eslint --init**

이 메시지에서 지적한 일을 해보자. 구성 파일을 생성하기 위해 npm run lint -- --init
를 실행한다. 그러면 다음과 같이 다양한 옵션을 선택할 수 있다.

? How would you like to configure ESLint?
› Answer questions about your style
** Use a popular style guide**
** Inspect your JavaScript file(s)**

지금 바로 첫 번째 옵션으로 들어가서 작성할 코드에 관한 기본적인 질문에 답한다. 옵
션을 선택한 상태에서 Enter 키를 누르면 다음과 같이 첫 번째 질문이 나타날 것이다.

? Are you using ECMAScript 6 features? (y/N)

---

y 키를 누른다.

? Are you using ES6 modules? (y/N)

---

y 키를 누른다.

? Where will your code run? (Press <space> to select, <a> to toggle all, <i> to

```
inverse selection)
›(*) Browser
 ( ) Node
```

Browser를 선택한 상태로 Enter 키를 누른다.

```
? Do you use CommonJS? (y/N)
```

n 키를 누르거나 그냥 Enter 키만 눌러도 된다.

```
? Do you use JSX? (y/N)
```

n 키를 누른다. JSX에 관해서는 6장의 뒤쪽에서 알아볼 것이다.

```
? What style of indentation do you use? (Use arrow keys)
› Tabs
  Spaces
```

여기서는 여러분이 원하는 대로 선택한다.

```
? What quotes do you use for strings? (Use arrow keys)
› Double
  Single
```

Single을 선택한다.

```
? What line endings do you use? (Use arrow keys)
› Unix
  Windows
```

Unix를 선택하는 것이 안전하다.

? Do you require semicolons? (Y/n)

이 선택은 까다롭다. 자바스크립트 소스에서는 세미콜론이 필요 없다. 세미콜론이 도움
이 될 때가 있지만, 자바스크립트 인터프리터는 세미콜론이 없어도 이해하는 구문들이
많다. 확실하지 않은 경우에는 세미콜론이 필요하다. 나중에 언제든지 ESLint 설정을
변경할 수 있다.

? What format do you want your config file to be in? (Use arrow keys)
› JavaScript
  YAML
  JSON

읽고 편집하는 데 가장 익숙한 것을 사용한다. 내 경우에는 자바스크립트의 기본 옵션
을 그대로 고수한다.

Successfully created .eslintrc.js file

끝났다! 다음 명령을 다시 실행해보자.

npm run lint

이번에는 아무 출력이 없다. 이는 ESLint가 에러를 찾지 못했다는 뜻이다. 아직 프
로젝트에 코드가 없기도 해서 그런 것이지만, 작업을 시작하기에 적절하다. 생성된
.eslintrc.js 파일을 잠깐 살펴보자.

```
module.exports = {
    "env": {
        "browser": true,
        "es6": true
    },
    "extends": "eslint:recommended",
    "parserOptions": {
        "sourceType": "module"
    },
    "rules": {
        "indent": [
            "error",
            4
        ],
        "linebreak-style": [
            "error",
            "unix"
        ],
        "quotes": [
            "error",
            "single"
        ],
        "semi": [
            "error",
            "always"
        ]
    }
};
```

필요한 질문에 답해서 이 파일을 생성했으므로 아무것도 변경할 필요 없다. 변경할 사항이 있을 때 편집하면 되는 파일이다. ESLint를 배울 때는 이와 같은 구성 파일을 바꾸는 것은 나중에 해도 된다. 때로는 코드 품질 표준을 조정할 필요가 있을 때 ESLint 규칙 레퍼런스(https://eslint.org/docs/rules/)를 참고하면 된다.

프로젝트를 위해 ESLint를 설정하고 구성하는 마지막 단계로서 린트할 소스 코드들을 도입하자. 아직 index.js 파일이 존재하지 않으면 이 파일을 생성하고 다음 함수를 추가한다.

```
export const myFunc = () => 'myFunc';
```

이 함수를 실행하는 것에 관해 걱정하지 말자. 린트는 테스트 및 타입과 같은 용도로 사용되지 않는다. 대신 린트를 통해 개발자는 코드 품질 관점에서 잘못한 것을 쉽게 알 수 있다. 정확성은 코드 품질과 다르다. 즉 코드를 평가하는 방법을 알려주는 ESLint로 다양한 옵션을 조정할 수 있다.

이제 방금 추가한 함수로 돌아가자. npm run lint를 다시 실행해 이 함수가 정상인지 확인할 수 있다. 물론 이 함수는 .eslintrc.js에서 설정한 규칙을 잘 따른다. 이제 이 함수에서 세미콜론을 제거해서 다음과 같이 해보자.

```
export const myFunc = () => 'myFunc'
```

이번에는 ESLint에서 다음과 같은 에러를 출력한다.

```
index.js
  1:37  error  Missing semicolon  semi
X 1 problem (1 error, 0 warnings)
```

이것은 나와야 할 정확한 결과물이다. 소스 파일의 이름, 파일에서 에러/경고의 위치 및 발견된 실제 문제점을 알려준다.

하나 더 해보자. 먼저 삭제한 세미콜론을 복원한다. 이제 함수 정의가 다음과 같이 보이도록 export 문을 삭제하자.

```
const myFunc = () => 'myFunc';
```

이제 이 코드를 린트하면 다음과 같이 다른 에러가 발생한다.

```
index.js
  1:7  error  'myFunc' is assigned a value but never used  no-unused-vars
X 1 problem (1 error, 0 warnings)
```

export 키워드를 제거했으므로 이 모듈은 myFunc에 할당된 함수일 뿐이다. myFunc는 결코 사용되지 않았으므로 ESLint는 그 점에 관해 지적한 것이다.

에어비앤비 표준으로 빌드하기

커다란 자바스크립트 코드 기반을 갖는 업체는 코드 품질 도구에 막대한 투자를 해왔다. 여기에는 ESLint와 같은 도구 구성에 관한 투자가 포함된다. 코드 품질을 적용하기 위한 구성 값에 관해 표준 세트를 사용해야 하는 이유는 약간의 구성 차이로 인해 개발자 간의 불일치를 없게 하기 위해서다.

ESLint를 사용하면 구성 설정을 통해 npm 패키지를 설치해서 사용할 수 있다. 많은 이들은 에어비앤비 표준을 채택한다. ESLint의 init 도구를 다시 사용해 에어비앤비 자바스크립트 코드 품질 표준을 시작해보자. 먼저 다음과 같이 init 도구를 다시 실행한다.

```
npm run lint -- --init
```

첫 번째 질문은 어떻게 ESLint를 구성할 것인지 묻는다. 이번에는 질문에 답하지 말고 다음과 같이 가이드를 선택한다.

```
? How would you like to configure ESLint?
  Answer questions about your style
› Use a popular style guide
  Inspect your JavaScript file(s)
```

다음 질문은 어느 가이드를 따를 것인지 묻는다. 다음과 같이 에어비앤비 가이드를 선택한다.

```
? Which style guide do you want to follow?
  Google
› Airbnb
  Standard
```

그러면 ESLint는 에어비앤비의 ESLint 구성 설정을 사용하기 위해 필요한 npm 패키지를 설치한다.

```
Checking peerDependencies of eslint-config-airbnb-base@latest
Installing eslint-config-airbnb-base@latest, eslint-plugin-import@^2.7.0

+ eslint-plugin-import@2.8.0
+ eslint-config-airbnb-base@12.1.0
```

ESLint가 생성한 .eslintrc.js 파일이 어떤지 들여다보자.

```
module.exports = {
  "extends": "airbnb-base"
};
```

보다시피 모든 파일이 airbnb-base npm 패키지로 처리되므로 이 파일 내용은 아주 짧다. .eslintrc.js는 확장될 것이다. 따라서 에어비앤비 규칙 중 일부가 작동하는 것을 살펴보자. index.js에 다음 코드를 추가한다.

```
const maybe = v => v ? v : 'default';

console.log(maybe('yes'));
// -> yes
console.log(maybe());
// -> default
```

maybe() 함수는 참에 해당하면 그 인자를 반환한다. 그렇지 않은 경우에는 default 문자열을 반환한다. 여기서 maybe()는 문자열 값을 인자로 한 경우와 아무 값이 없는 경우의 두 가지로 호출된다. 주석은 이 두 함수 호출의 출력을 나타낸다. 이 코드를 실행해서 제대로 작동하는지 확인한다.

그런 다음 에어비앤비가 여러분의 코드를 어떻게 대하는지 알아보자.

```
npm run lint
```

출력은 다음과 같다.

```
index.js
  1:15  error    Arrow function used ambiguously with a conditional expression
                 no-confusing-arrow
  1:24  error    Unnecessary use of conditional expression for default
                 assignment   no-unneeded-ternary
  3:1   warning  Unexpected console statement no-console
  5:1   warning  Unexpected console statement no-console
X 4 problems (2 errors, 2 warnings)
```

4개의 문제가 발생했다. 각 문제를 살펴보고 어떻게 할지 알아보자. 첫 번째 에러는 no-confusing-arrow인데, 이는 화살표 함수가 비교 연산자를 모호하게 사용했다고 지적한다. 각 에러에 관한 세부사항 페이지(https://eslint.org/docs/rules/)에 가보면 자세한 설명과 예제를 볼 수 있다.

그 다음 에러인 no-unneeded-ternary는 첫 번째 에러와 밀접한 관련이 있다. 이 에러에서는 코드의 가독성에 도움이 되는, 삼항보다 간단한 표현식을 사용할 수 있다고 언급한다. 그렇다면 한번 시도해보자. maybe() 함수는 인자가 있으면 인자를, 거짓에 해당하면 기본값을 반환하게 돼 있다. 삼항 연산자 대신 다음과 같이 해보자.

```
const maybe = (v = 'default') => v;
```

가독성이 약간 개선되고 구문도 좀 줄어들었다. 이 코드로 작업하는 모든 개발자라면 거의 비슷하게 이런 개선을 해낼 것이다. 이제 npm run lint로 어떤 결과가 나오는지 보자.

```
index.js
  6:1  warning  Unexpected console statement  no-console
  8:1  warning  Unexpected console statement  no-console
X 2 problems (0 errors, 2 warnings)
```

제대로 됐다! 2개의 경고만 남았다. 그러나 이것들은 그저 console.log() 호출에 관해서 불평하고 있는 것이다. 에어비앤비 ESLint 규칙은 그 점을 좋아하지 않지만, 여러분은 그렇게 한 것이다. 에어비앤비 규칙 설정을 확장해 출발점으로 사용하고 있으므로 설정을 해제할 수도 있다. 여러분의 경우 콘솔 호출을 분명히 사용할 것이므로 no-console 규칙은 아무런 필요가 없다. 따라서 .eslintrc.js 파일을 다음과 같이 편집한다.

```
module.exports = {
```

```
    "extends": "airbnb-base",
    "rules": {
      "no-console": 0
    }
};
```

ESLint 구성의 extends 섹션 다음에 airbnb-base로 정의된 특정 규칙을 해제할 수 있는 rules 섹션을 추가하면 된다. 이 예제에서 no-console을 0으로 설정하면 ESLint에 이러한 경고를 보고하지 않게 한다. npm run lint를 한 번 더 실행해 제대로 수정됐는지 확인해보자.

당연히 더 이상 에러가 나타나지 않게 된다.

▌ ESLint에 React 플러그인 추가하기

ESLint 규칙의 에어비앤비 세트를 조금 사용해보니 마음에 들었다고 하자. 또한 React 컴포넌트 코드를 린트한다고도 가정하자. 앞서 ESLint의 init 과정 중에 프로젝트에서 React를 사용하는지 묻는 질문에 관해 No라고 대답했었다. 이번에는 Yes라고 하자. 다음과 같이 다시 한 번 ESLint 초기화 과정을 실행하자.

```
npm run lint -- --init
```

또다시 에어비앤비 린트 규칙을 선택한다.

```
? Which style guide do you want to follow?
  Google
> Airbnb
  Standard
```

React를 사용할지 묻는 메시지가 나타나면 Yes라고 언급한다.

? Do you use React? (y/N) y

다음과 같이 추가 패키지들이 설치될 것이다.

+ eslint-plugin-react@7.5.1
+ eslint-plugin-jsx-a11y@6.0.3

이제 린트할 수 있게 React 코드를 작성해보자. MyComponent.js에 다음 컴포넌트를 추가한다.

```
import React, { Component } from 'react';

class MyComponent extends Component {
  render() {
    return (
      <section>
        <h1>My Component</h1>
      </section>
    );
  }
}

export default MyComponent;
```

다음은 이 컴포넌트를 렌더링하는 방법이다.

```
import React from 'react';
import ReactDOM from 'react-dom';
import MyComponent from './MyComponent';
```

```
const root = document.getElementById('root');

ReactDOM.render(
  <MyComponent />,
  root
);
```

브라우저에서 이 React 앱을 실행하는 것에 관해서는 신경 쓸 필요 없다. 이는 ESLint가 JSX를 파싱해서 린트할 수 있는지 확인하기 위한 것이다. 이제 다음과 같이 ESLint를 실행해보자.

```
npm run lint
```

다음은 이 소스 코드를 린트할 때 발생하는 에러다.

```
index.js
  5:14  error  'document' is not defined                        no-undef
  8:3   error  JSX not allowed in files with extension '.js'     react/jsx-
                                                                 filename-extension
  9:7   error  Missing trailing comma                           comma-dangle
                                                                 MyComponent.js
  3:1   error  Component should be written as a pure function    react/prefer-
                                                                 stateless-function
  6:7   error  JSX not allowed in files with extension '.js'     react/jsxfilename-
                                                                 extension
```

두 소스 파일 모두에서 에러가 있다. 이제 각 에러를 살펴보자.

index.js의 첫 번째 에러는 no-undef이며 존재하지 않는 document 식별자를 언급한다. 중요한 것은 document가 브라우저 환경에 글로벌로 존재하는 식별자라는 것이다.

ESLint는 이 글로벌 식별자가 정의돼 있는지 알지 못하므로 .eslintrc.js에서 다음과 같이 이 값에 관해 알려줘야 한다.

```
module.exports = {
  "extends": "airbnb",
  "globals": {
    "document": true
  }
};
```

ESLint 구성의 globals 섹션에 ESLint가 인식해야 하는 글로벌 식별자의 이름을 넣으면 된다. 식별자가 소스 코드에서 글로벌로 사용 가능하려면 그 값은 true여야 한다. 이렇게 하면 ESLint는 브라우저 환경에서 글로벌 식별자로 인식되는 것에 관해 불평하지 않는다.

웹 브라우저와 같이 특정 환경에 존재하는 식별자에 관한 글로벌 변수를 추가할 때의 문제점은 그 수가 많다는 것이다. 리스트로 유지 관리해서 ESLint가 소스 코드를 전달하게 하는 것은 번거로운 일이다. 고맙게도 ESLint는 이에 관한 해결책을 제공한다. globals을 지정하는 대신 다음과 같이 코드 실행 환경을 지정하면 된다.

```
module.exports = {
  "extends": "airbnb",
  "env": {
    "browser": true
  }
};
```

browser 환경을 true로 지정하면 ESLint는 브라우저 글로벌 변수 모두를 인식해서 코드에서 그러한 변수를 발견해도 불평하지 않는다. 브라우저와 Node.js에서 모두 실행되는 코드를 갖는 것도 일반적이므로 여러 환경을 지정할 수 있다. 또는 환경 간에 코드를 공유하지 않더라도 클라이언트 코드와 서버 코드가 모두 포함된 프로젝트를 작성해야 할 경우도 있다. 어느 경우든 멀티 ESLint 환경은 다음과 같다.

```
module.exports = {
  "extends": "airbnb",
  "env": {
    "browser": true,
    "node": true
  }
};
```

고쳐야 할 다음 에러는 react/jsx-filename-extension이다. 이 규칙은 ESLint 구성을 초기화할 때 설치된 eslint-plugin-react 패키지에서 비롯된 것이다. 이 규칙은 JSX 구문이 들어간 파일에 다른 확장자를 사용해 이름을 지정할 것을 기대한다. 여러분은 이 점에 관해 신경 쓰고 싶지 않다고 해보자(똑같은 종류의 파일 내용이라고 해서 무작정 두 가지 파일 확장자만 사용하는 것은 너무 심한 측면이 있다). 지금은 이 규칙이 적용되지 않게 하자.

다음은 업데이트한 ESLint 구성이다.

```
module.exports = {
  "extends": "airbnb",
  "env": {
    "browser": true,
    "node": true
  },
  "rules": {
    "react/jsx-filename-extension": 0
  }
};
```

react/jsx-filename-extension 규칙은 구성의 rules 섹션에서 해당 값을 0으로 설정하면 무시된다. npm run lint를 다시 실행해본다. 이제 두 가지 에러만 남을 것이다.

comma-dangle 규칙은 옵션이지만 흥미로운 아이디어다. 이 에러를 발생시키는 문제의 코드를 들여다보자.

```
ReactDOM.render(
  <MyComponent />,
  root
);
```

ESLint는 root 인자 뒤에 쉼표가 없다는 불평을 한다. 예상하기로는 그 뒤에 쉼표를 추가하면 다음 사항들이 발생한다.

- 쉼표를 미리 찍어 놓았으므로 나중에 항목을 추가하기가 쉽다.
- 항목을 추가하거나 제거할 때는 두 행이 아닌 한 행만 변경해야 하므로 코드를 커밋할 때 더 명확한 차이가 발생한다.

이런 점도 괜찮다고 생각해서 이 규칙을 유지하기로 하자(내가 좋아하는 경우다). 다음은 고친 코드다.

```
ReactDOM.render(
  <MyComponent />,
  root,
);
```

이제 npm run lint를 다시 실행해보자. 에러 하나만 남았다. 이것은 또 다른 React 고유 에러인 react/prefer-stateless-function이다. 이 에러를 일으킨 React 컴포넌트를 다시 한번 살펴보자.

```
import React, { Component } from 'react';

class MyComponent extends Component {
  render() {
    return (
      <section>
        <h1>My Component</h1>
      </section>
    );
  }
}

export default MyComponent;
```

ESLint는 eslint-plugin-react의 도움을 받아 이 컴포넌트가 클래스 대신 함수로 구현돼야 한다고 말한다. MyComponent에는 상태가 없고 생명 주기[life cycle] 메소드도 없는 것이 감지됐으므로 이 메시지가 나타난다. 따라서 함수로 구현한다면 다음과 같이 될 것이다.

- 더 이상 Component 클래스에 종속하지 않을 것이다.
- 클래스보다 구문이 훨씬 적은 간단한 함수가 될 것이다.
- 이 컴포넌트에는 객체 변경 작용[side-effect]이 없는 것이 분명할 것이다.

이러한 이점을 염두에 두고 ESLint 에러가 제시한 것처럼 다음과 같이 MyComponent를 순수 함수[pure function 2]로 리팩토링한다.

```
import React, { Component } from 'react';

const MyComponent = () => (
```

---

2 외부에 어떠한 영향도 미치지 않고 입력 값이 같으면 어느 위치에서 호출하더라도 동일한 값을 반환하는 함수. - 옮긴이

```
  <section>
    <h1>My Component</h1>
  </section>
);

export default MyComponent;
```

그리고 `npm run lint`을 실행하면 다음 결과가 나온다.

MyComponent.js
```
  1:17  error  'Component' is defined but never used  no-unused-vars
```

다른 에러를 고치는 과정에서 새로운 에러가 발생했다. 큰 문제는 아니므로 코드를 린
트해서 놓치기 쉬운 것을 찾아야 한다. 여기서는 Component 임포트 제거를 잊었으므로
발생한 no-unusedvars 에러다. 다음은 고친 버전이다.

```
import React from 'react';

const MyComponent = () => (
  <section>
    <h1>My Component</h1>
  </section>
);

export default MyComponent;
```

모두 끝났으며 더 이상의 에러는 없다. 다른 모든 React 개발자가 동일한 코드 품질 표
준을 사용할 것이므로 여러분은 eslint-config-airbnb 및 eslint-plugin-react의 도
움으로 그들이 쉽게 읽을 수 있는 코드를 만들 수 있었다.

158

create-react-app과 함께 ESLint 사용하기

지금까지 6장에서 보았던 모든 것을 설정하고 구성해야 했다. ESLint를 설치하고 실행하는 것이 특히 어렵지는 않지만, create-react-app은 이를 자동화한 탓에 내부 과정을 잘 알 수 없게 만든다. create-react-app의 사용 개념은 가능한 한 빨리 컴포넌트 코드를 작성하기 위한 것임을 기억하자. 즉 린터와 같은 것을 구성하는 데 신경 쓸 필요가 없다.

이것의 동작을 보기 위해 다음과 같이 create-react-app을 사용해 새 앱을 만들어보자.

```
create-react-app my-new-app
```

그런 다음 이 앱을 생성한 즉시 다음과 같이 시작한다.

```
npm start
```

이제 ESLint가 무언가에 관해 불평하게 만들어보자. 편집기에서 `App.js`를 연다(다음과 같이 보일 것이다).

```javascript
import React, { Component } from 'react';
import logo from './logo.svg';
import './App.css';

class App extends Component {
  render() {
    return (
      <div className="App">
        <header className="App-header">
          <img src={logo} className="App-logo" alt="logo" />
          <h1 className="App-title">Welcome to React</h1>
        </header>
```

```
      <p className="App-intro">
        To get started, edit <code>src/App.js</code> and save to reload.
      </p>
    </div>
  );
  }
}

export default App;
```

ESLint에게는 이 코드가 아무 문제 없을 것이므로 Component 임포트를 삭제해서 App.
js를 다음과 같이 나타내자.

```
import React from 'react';
import logo from './logo.svg';
import './App.css';

class App extends Component {
  render() {
    return (
      <div className="App">
        <header className="App-header">
          <img src={logo} className="App-logo" alt="logo" />
          <h1 className="App-title">Welcome to React</h1>
        </header>
        <p className="App-intro">
          To get started, edit <code>src/App.js</code> and save to reload.
        </p>
      </div>
    );
  }
}

export default App;
```

이제 App 클래스가 존재하지 않는 Component를 확장하려고 할 것이다. 이 파일을 저장하고 나면 개발 서버에 웹팩 플러그인이 통합돼 있으므로 ESLint가 호출될 것이다. dev 서버 콘솔에는 다음과 같이 나타날 것이다.

```
Failed to compile.
./src/App.js
Line 5:  'Component' is not defined  no-undef
```

예상대로 ESLint가 문제를 감지한다. 개발 서버에 ESLint를 통합시킨 것이 멋진 점은 npm run lint 명령을 호출할 필요가 없다는 점이다. ESLint가 통과시키지 않으면 전체 빌드가 실패한다.

실패한 빌드에 관한 알림이 dev 서버 콘솔에 나타날 뿐만 아니라 브라우저에서도 다음과 같이 바로 나타난다.

Failed to compile

```
./src/App.js
  Line 5:  'Component' is not defined  no-undef

Search for the keywords to learn more about each error.
```

This error occurred during the build time and cannot be dismissed.

즉 서버 콘솔 보는 것을 깜박하더라도 전체 UI가 바뀐 것까지는 놓치기 어렵다. ESLint 에게 의도적으로 에러를 발생시킨 변경 사항을 원래대로 되돌리면(Component 임포트를 다시 추가하면) App.js를 저장하자마자 UI가 다시 나타난다.

▌ 코드 편집기에서 ESLint 사용하기

create-react-app 코드 린팅을 한 걸음 더 나아가고 싶다면 그렇게 할 수 있다. 컴포넌트 코드를 작성하는 중일 때 제대로 작성됐는지 확인하려면 콘솔 또는 브라우저 창으로 전환해야 한다. 사람에 따라서는 편집기 내에서 린트 에러를 확인하는 것이 더 나을 수 있다.

Atom에서 이렇게 하는 방법을 알아보자. 먼저 linter-eslint 플러그인을 설치해야 한다.

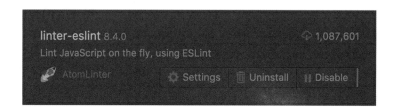

이제 Atom에서 자바스크립트 소스 파일을 열면 이 플러그인이 린트해서 에러나 경고를 인라인으로 나타낼 것이다. 유일한 문제점은 create-react-app이 .eslintrc.js 파일을 생성하지 않는다는 것이다. 그 이유는 create-react-app의 특성이 기본적으로 모든 구성을 숨기는 것이기 때문이다.

그렇다고 해도 ESLint는 여전히 create-react-app에 의해 구성된다. 따라서 개발 서버를 시작할 때 소스가 린트되는 것이다. 문제는 여러분이 편집기 린터에서도 이 설정을 사용하고 싶을 거라는 점이다. create-react-app은 eslint-config-react-app이라는 패키지를 설치하는데, 이 패키지에는 개발 서버에서 사용하는 ESLint 구성이 들어 있다. 브라우저나 콘솔에서 출력되는 것과 동일하게 편집기 린터가 구성하도록 여러분의 프로젝트에서 이 구성을 사용할 수 있다. 이렇게 하는 것이 아주 중요하며, 여러분이 할 일은 브라우저에서 아무런 문제가 보이지 않더라도 편집기에게 코드에 관한 사항을 알려주는 것이다.

Atom에서 App.js를 여는 경우 다음과 같은 이유로 린트 에러가 나타나지 않아야 한다.

- 아무것도 없다.

- linter-eslint Atom 플러그인이 구성을 찾지 않아 실행되지 않는다.

에러가 없는 경우 파일은 다음과 같이 나타난다.

```
                    App.js
1    import React from 'react';
2    import logo from './logo.svg';
3    import './App.css';
4
5    class App extends Component {
6      render() {
7        return (
8          <div className="App">
9            <header className="App-header">
10             <img src={logo} className="App-logo" alt="logo" />
11             <h1 className="App-title">Welcome to React</h1>
12           </header>
13           <p className="App-intro">
14             To get started, edit <code>src/App.js</code> and save to reload.
15           </p>
16         </div>
17       );
18     }
19   }
20
21   export default App;
```

여러분이 할 일은 eslint-config-react-app 구성을 확장하는 ESLint 구성을 추가하기만 하는 것이다. 프로젝트의 루트에서 다음과 같이 .eslintrc.js 파일을 만든다.

```
module.exports = {
  "extends": "eslint-config-react-app"
};
```

이제 Atom의 linter-eslint 플러그인은 작업 중인 열린 소스 파일을 린트하려고 시도할 것이다. 또한 create-react-app dev 서버와 완전히 동일한 구성을 사용한다.

Component 임포트를 다시 삭제해보자. 이제는 다음과 같이 편집기가 좀 다르게 보일 것이다.

보다시피 Component 식별자에는 밑줄이 그어져 이 부분이 두드러지게 보인다. 소스의 하단에는 발견된 모든 린터 에러 리스트와 각 에러에 관한 세부 정보가 나타난다. npm start를 실행하면 Atom이 create-react-app과 동일한 ESLint 구성을 사용하므로 dev 서버 콘솔과 브라우저에서 똑같은 에러가 발생한다.

이제 이 에러를 제거해보자. 다음 행을 고쳐야 한다.

```
import React from 'react';
```

위의 코드를 다시 다음과 같이 변경한다.

```
import React, { Component } from 'react';
```

편집기에는 더 이상 린터 에러가 없을 것이다.

▌ Prettier로 코드 포맷 자동화하기

ESLint는 포맷^{format} 방법을 포함해 코드의 모든 측면을 개선하는 데 사용될 수 있다. 포맷 작업에까지 ESLint와 같은 것을 사용할 때의 문제는 발견한 포맷 이슈만 알려주는 것이다. 여러분은 이 문제도 일일이 해결해야 한다.

이것이 create-react-app의 ESLint 구성에서 코드 포맷 규칙을 지정하지 않는 이유다. 따라서 Prettier와 같은 도구가 필요하다. 이 도구는 자바스크립트 코드를 위한 코드 포맷터다. 바로 JSX를 인식하므로 React 컴포넌트의 포맷을 지정하는 데 이상적이다.

다음 링크의 create-react-app 사용자 가이드에는 코드가 커밋되기 전에 Prettier를 실행해 코드의 포맷을 지정하는 Git 커밋 훅에 관한 전체 섹션이 있다. https://github.com/facebookincubator/create-react-app#user-guide.

여기서는 이 가이드를 반복하지 않겠지만, 기본 아이디어는 커밋된 모든 자바스크립트 소스에서 Prettier를 호출하는 Git 훅을 사용하면 모든 것이 잘 포맷됐는지 확인할 수 있다는 것이다. Git 커밋 훅의 단점은 코드를 작성할 때 포맷된 코드로 나타나지 않는다는 것이다.

모든 커밋으로 자바스크립트 소스를 포맷팅하기 위해 Prettier를 설정하는 것 외에도 코드 편집기 플러그인을 추가하면 개발 경험을 크게 향상시킬 수 있다. 다시 한번 다음과 같은 적절한 Atom 패키지를 설치하면 된다(또는 이와 유사한 것을 설치한다. 즉 Atom이 널리 사용되고 있으므로 여기서 예제 편집기로 사용하고 있는 것이다).

prettier-atom 패키지가 설치되면 Atom을 사용해 React 코드를 포맷할 수 있다. 기본적으로 이 패키지는 Ctrl + Alt + F 키 바인딩을 사용해 Prettier를 호출해서 현재 소스 파일의 포맷을 지정한다. 또 다른 옵션은 다음과 같이 저장할 때 포맷팅을 활성화하는 것이다.

이제 자바스크립트 소스를 저장할 때마다 Prettier가 포맷을 지정한다. 테스트해보자. 먼저 App.js를 열고, 다음과 같이 보이도록 포맷팅을 엉망으로 만든다.

```
                    App.js            ●
1    import
2    React, { Component } from "react";
3              import logo from "./logo.svg";
4    import "./App.css";
5
6    class  App extends  Component  {
7      render          () {return (
8        <div className="App">
9       <header className="App-header"     >
10          <img src={logo} className="App-logo" alt="logo" />
11
12          <h1 className="App-title">Welcome to React</h1>
13        </header>
14        <p          className="App-intro">
15          To get started, edit <code>src/App.js</code> and save to reload.
16
17        </p>
18        </div>
19      );
20      }
21    }
22
23    export default App
24    ;
```

심하긴 하다! 파일을 저장해서 어떻게 되는지 보자.

```
                    App.js
1    import React, { Component } from 'react';
2    import logo from './logo.svg';
3    import './App.css';
4
5    class App extends Component {
6      render() {
7        return (
8          <div className="App">
9            <header className="App-header">
10             <img src={logo} className="App-logo" alt="logo" />
11
12             <h1 className="App-title">Welcome to React</h1>
13           </header>
14           <p className="App-intro">
15             To get started, edit <code>src/App.js</code> and save to reload.
16           </p>
17         </div>
18       );
19     }
20   }
21
22   export default App;
```

나아졌다. 그 엉망인 것을 일일이 수정해야 한다고 생각해보라. Prettier은 여러분의 생각과는 관계 없이 코드를 깔끔하게 해준다.

▌ 요약

6장에서는 도구를 사용해 프로젝트의 코드 품질 수준을 맞추는 방법에 관해 설명했다. 처음 배운 도구는 ESLint였다. 이 도구에 관한 설치 및 구성 방법을 배웠다. 수동으로 ESLint를 구성해야 할 경우도 있었다. ESLint 초기화 도구를 사용하는 방법도 배웠는데 이 도구를 사용하면 ESLint 규칙을 구성하기 위한 다양한 옵션을 안내해준다.

그 다음으로 React 애플리케이션에서 활용할 수 있는 다양한 표준 ESLint 구성에 관해 배웠다. 에어비앤비는 ESLint와 함께 사용할 수 있는 보편적인 표준이며, 팀의 특정 스타일에 맞게 규칙별로 그 규칙을 사용자 정의할 수 있다. 또한 ESLint 초기화 도구에서 React 사용을 지정해 적절한 패키지를 설치할 수 있다.

마지막으로 `create-react-app`에서의 ESLint 사용법을 배웠다. 개발 서버가 실행되면 웹팩 플러그인을 사용해 코드를 린트한다. `create-react-app`이 이를 위해 ESLint를 구성하는 방법과 코드 편집기에서 이 구성을 사용하는 방법을 배웠다. Prettier는 코드를 자동으로 포맷해주는 도구이며, ESLint 스타일을 일일이 맞추기 위한 시간을 절약해준다.

7장에서는 Storybook을 사용해 자신의 환경에서 React 컴포넌트 개발을 격리시키는 방법에 관해 배울 것이다.

07

Storybook을 사용해 컴포넌트 격리하기

React 컴포넌트는 커다란 사용자 인터페이스의 작은 조각이다. 당연히 여러분은 애플리케이션의 나머지와 함께 UI 컴포넌트를 개발하고 싶을 것이다. 하지만 여러분의 유일한 환경이 커다란 UI 안에 있으면 컴포넌트 변경을 실험하는 것이 까다로울 수 있다. 7장에서는 Storybook 도구를 활용해 React 컴포넌트 개발을 위한 격리된 샌드박스를 제공하는 방법을 보여줄 것이다. 다음은 7장에서 배울 사항이다.

- 격리된 컴포넌트 개발의 중요성
- Storybook 설치 및 설정
- 스토리를 사용해 컴포넌트 개발하기
- 애플리케이션으로 컴포넌트 가져오기

▌격리된 컴포넌트 개발에 관한 필요

개발 중에 React 요소를 격리시키는 것은 어려울 수 있다. 개발자와 React 컴포넌트의 작업 바탕은 애플리케이션 자체인 경우가 많다. 컴포넌트가 개발되는 동안 계획대로 일이 척척 진행되기는 쉽지 않다. 이런 경우 React 컴포넌트의 디버그 프로세스는 유용하다.

문제를 해결할 때 컴포넌트에 임시로 변경 사항을 만들기 위해 애플리케이션 코드를 변형하는 경우가 종종 있다. 예를 들어 컨테이너 요소의 타입 때문에 레이아웃 문제가 일어났는지 알아보기 위해 그 타입을 변경해본다. 아니면 컴포넌트 내부의 마크업을 변경해본다. 또는 컴포넌트가 사용하는 일부 상태나 props를 완전히 짜맞춰보는 식이다.

요점은 컴포넌트를 개발하는 과정에서 이것저것 실험해본다는 것이다. 여러분이 만들고 있는 애플리케이션 내에서 이런 실험을 시도하는 것은 번거로울 수 있다. 그 이유는 해당 컴포넌트 주위의 다른 것까지도 모두 신경 써야 하기 때문이며, 그 컴포넌트가 어떻게 동작하는지만 알아보려고 할 때는 이런 점은 더 성가시다.

때로는 아예 새 페이지나 새 앱을 만들어 컴포넌트가 제대로 수행하는지 알아보기도 한다. 이렇게 하면 과정이 힘들게 되며 다른 사람들도 별반 다르지 않는데, 이때 Storybook이 유용하다. React 도구들은 React 개발자의 일을 자동화하기 위해 존재한다. Storybook을 사용하면 여러분이 작업하는 샌드박스 환경을 자동화할 수 있다. 또한 모든 빌드 단계를 처리하므로 컴포넌트에 관한 스토리만 작성해서 그 결과를 보면 된다.

Storybook이 어떤지 보려면 JSFiddle(https://jsfiddle.net/) 또는 JSBin(https://jsbin.com/)를 방문해 본다. 환경을 설정하고 유지할 필요 없이 약간의 코드로 실험할 수 있다. Storybook은 프로젝트의 핵심으로 존재하는 React용 JSFiddle과 같다.

Storybook 설치 및 구성

Storybook을 사용하기 위한 첫 번째 단계는 글로벌 명령행 도구를 설치하는 것이다. 글로벌 도구로 설치하는 것은 동시에 많은 프로젝트에서 사용할 수 있기 때문이며, 이 도구는 새 프로젝트를 부트스트랩하는 데 사용될 수 있다. 이 첫 번째 단계부터 시작해 보겠다.

```
npm install @storybook/cli -g
```

이 설치가 끝나면 package.json 종속성을 수정해서 상용구 Storybook 파일을 생성하기 위한 명령행 도구가 갖춰진다. create-react-app을 사용해 새 애플리케이션을 생성했다고 하자. 애플리케이션 디렉터리로 이동해서 다음과 같이 Storybook 명령행 도구를 사용해 Storybook을 현재 프로젝트에 추가한다.

```
getstorybook
```

getstorybook 명령을 실행하면 여러 가지 작업을 수행한다. 다음은 이 명령을 실행할 때의 출력이다.

```
getstorybook - the simplest way to add a storybook to your project.
• Detecting project type. ✔
• Adding storybook support to your "Create React App" based project. ✔
• Preparing to install dependencies. ✔
```

프로젝트 타입에 따라 조직 요구 사항이 달라지므로 Storybook은 무언가를 추가하기 전에 어떤 타입의 프로젝트가 있는지 파악하려고 한다. getstorybook 명령은 먼저 이런 점을 알아본다. 그리고 나서 다음과 같이 종속성과 상용구 파일들을 설치하고,

package.json에 스크립트들을 추가한다.

이 결과는 프로젝트 내에서 Storybook 서버를 실행해야 한다는 것을 알려준다. 이 시점에서 package.json의 scripts 섹션은 다음과 같게 된다.

```
"scripts": {
  "start": "react-scripts start",
  "build": "react-scripts build",
  "test": "react-scripts test --env=jsdom",
  "eject": "react-scripts eject",
  "storybook": "start-storybook -p 9009 -s public",
  "build-storybook": "build-storybook -s public"
}
```

---

build-storybook에 관해서는 7장의 뒷부분에서 알아볼 것이다. 우리는 storybook 스크립트를 자주 사용할 것이다.

다음으로 getstorybook이 생성한 상용구 파일을 살펴보자. 먼저 프로젝트의 최상위 디렉터리에 새로운 .storybook 디렉터리가 생긴 것을 볼 수 있다.

```
.storybook/
├── addons.js
└── config.js
```

추가된 두 파일은 다음과 같다.

- addons.js: 이 파일은 Storybook용 애드온^{add-on} 모듈을 임포트한다. 기본적으로 액션 및 링크 애드온이 사용되지만, 사용하지 않을 경우에는 제거해도 된다.
- config.js: 이 파일은 이 프로젝트의 스토리를 임포트해서 Storybook에서 이를 사용하도록 구성한다.

src 디렉터리에도 stories라는 새 디렉터리를 볼 수 있다.

```
src/
├── App.css
├── App.js
├── App.test.js
├── index.css
├── index.js
├── logo.svg
├── registerServiceWorker.js
└── stories
    └── index.js
```

여러분의 프로젝트에서 create-react-app을 사용하고 있다는 것을 getstorybook이 파악했다는 점에 주목한다. 따라서 이 도구는 src 아래에 stories 디렉터리를 둔 것이다. 이곳에 있는 index.js에는 개발자가 시작하는 데 도움이 되는 다음과 같은 2개의 데모 스토리가 있다.

```
import React from 'react';

import { storiesOf } from '@storybook/react';
import { action } from '@storybook/addon-actions';
import { linkTo } from '@storybook/addon-links';

import { Button, Welcome } from '@storybook/react/demo';
```

```
storiesOf('Welcome', module).add('to Storybook', () => (
  <Welcome showApp={linkTo('Button')} />
));

storiesOf('Button', module)
  .add('with text', () => (
    <Button onClick={action('clicked')}>Hello Button</Button>
  ))
  .add('with some emoji', () => (
    <Button onClick={action('clicked')}> 😀 😎 👍 💯 </Button>
  ));
```

이 파일에서 무슨 일이 벌어지는지에 관해서는 아직 신경 쓰지 말자. 이 기본 스토리들은 컴포넌트에 관한 스토리로 교체될 것이다. 또한 Storybook 서버를 처음 시작할 때 무언가를 볼 수 있게 기본 스토리를 이렇게 두는 것이 좋다. 이제 다음과 같이 실행해 보자.

```
npm run storybook
```

잠시 후에 브라우저에서 열 수 있도록 다음과 같이 콘솔 출력을 통해 서버가 실행되는 위치를 알려줄 것이다.

```
Storybook started on => http://localhost:9009/
```

브라우저에서 이 주소로 Storybook 앱을 들어가보면 나타나는 내용은 다음과 같다.

현재 나타난 내용을 대략적으로 설명하면 다음과 같다.

- 왼쪽 패널에는 모든 스토리가 나타난다. 현재 2개의 기본 Storybook 스토리가 나타나 있다.
- 메인 패널에는 선택한 스토리에 관한 렌더링된 내용이 나타난다.
- 하단의 액션 패널에는 발생된 액션이 나타난다.

왼쪽 패널에서 각 스토리를 선택해보자.

왼쪽 패널에서 스토리 선택을 변경하자마자 메인 패널에서 렌더링된 컴포넌트 출력이 나타날 것이다. 여기서는 기본 버튼을 선택해보았다.

▌스토리를 사용해 컴포넌트 개발하기

Storybook의 가치는 컴포넌트를 실험하기 위해 애플리케이션을 설정할 필요가 없다는 것이다. 또는 이미 애플리케이션을 개발 중에 있다면 진행 중인 컴포넌트를 애플리케이션에 통합하는 방법을 알아볼 필요가 없다. Storybook은 실험을 가능하게 하는 도구다. 애드온을 사용하면 컴포넌트를 애플리케이션에 통합하는 것에 신경 쓰기에 앞서 컴포넌트의 거의 모든 측면을 테스트할 수 있다.

props로 실험하기

아마도 Storybook에서 컴포넌트 개발을 시작하기 위한 가장 직접적인 방법은 다양한 프로퍼티 값을 사용해 실험하는 것이다. 이렇게 하려면 컴포넌트에 관해 서로 다른 프로퍼티 값을 가진 각각의 스토리를 만들기만 하면 된다.

먼저 작업할 다음 컴포넌트를 살펴보자.

```jsx
import React from 'react';

const MyComponent = ({ title, content, titleStyle, contentStyle }) => (
  <section>
    <heading>
      <h2 style={titleStyle}>{title}</h2>
    </heading>
    <article style={contentStyle}>{content}</article>
  </section>
);

export default MyComponent;
```

이 컴포넌트에는 별게 없다. 4개의 props를 받아서 HTML 마크업을 렌더링한다. title 과 content 값은 단순한 문자열이다. titleStyle와 contentStyle은 해당 HTML 요소의 style에 지정되는 객체다.

이 컴포넌트에 관한 스토리를 작성해보자. 다음과 같이 앞 절과 동일한 접근법이 사용됐다고 하자.

1. create-react-app을 사용해 React 애플리케이션 구조를 만들고 종속성을 설치한다.

2. getstorybook을 사용해 현재 프로젝트를 검사하고 적절한 상용구 및 종속성을 추가한다.

src/stories/index.js를 열고 다음과 같이 storiesOf() 함수로 시작한다.

```
storiesOf('MyComponent Properties', module)
```

이것은 Storybook UI를 시작할 때 왼쪽 패널에 나타날 최상위 주제다. 이 함수 아래에 개별적인 스토리를 추가한다. 현재 다른 프로퍼티 값을 테스트하는 데 관심 있으므로 추가할 스토리는 다음과 같이 다른 프로퍼티 값을 반영하는 용도가 될 것이다.

```
.add('No Props', () => <MyComponent />)
```

Storybook의 왼쪽 패널에 No Props라는 스토리가 추가된다.[1] 이 버튼을 클릭하면 아무 props 없이 렌더링될 때 MyComponent는 다음과 같이 메인 패널에 아무것도 없이 나타날 것이다.[2]

---

[1] 당연히 파일 위쪽에 다음과 같이 임포트를 해줘야 한다. - 옮긴이
import MyComponent from '../MyComponent';

[2] 왼쪽 패널의 No Props 아래 항목들은 추후의 작업을 통해 나타나게 된다. - 옮긴이

title과 content 모두 지정된 것이 없으므로 여기에 아무것도 나타나지 않는다. 이들 두 값은 시각적으로 렌더링될 유일한 내용이므로 나타낼 것이 없다. 다음 스토리로 넘어가보자.

이번에는 Just "title"을 선택하면 다른 React 컴포넌트 출력이 렌더링되게 해보자. 스토리 타이틀에서 알 수 있듯이 title 프로퍼티만 MyComponent로 전달한다. 이 스토리에 관한 코드는 다음과 같다.

```
.add('Just "title"', ( ) => <MyComponent title="The Title" />)
```

그 다음 스토리는 content 프로퍼티만 전달하게 하자. 결과는 다음과 같다.

다음은 content 프로퍼티만 전달하는 코드다.

```
.add('Just "Content"', () => <MyComponent content="The Content" />)
```

그 다음 스토리는 다음과 같이 MyComponent에 title 프로퍼티와 content 프로퍼티를 모두 전달한다.

다음은 이 2개 props를 스토리로 렌더링하는 코드다.

```
.add('Both "title" and "content"', () => (
  <MyComponent title="The Title" content="The Content" />
))
```

이 시점에서 해당 컴포넌트에 관해 3개의 스토리가 유용하다는 것을 알았을 것이다. MyComponent가 어떻게 내용 없이 렌더링되거나 타이틀 없이 렌더링되는지를 보았다. 이 결과를 바탕으로 이 2개 props를 필수로 하거나 기본값을 제공해도 된다.

다음으로 스타일 프로퍼티로 넘어가보자. 먼저 다음과 같이 titleStyle 프로퍼티를 전달한다.

```
.add('Just "titleStyle"', () => (
  <MyComponent
    title="The Title"
    content="The Content"
    titleStyle={{ fontWeight: 'normal' }}
  />
))
```

title과 content 프로퍼티도 전달한다는 점에 유의하자. 이렇게 하면 MyComponent에서 렌더링하는 내용에 스타일이 어떻게 영향을 미치는지 확인할 수 있다. 결과는 다음과 같다.

다음으로 contentStyle 프로퍼티만 전달해보자.

```
.add('Just "contentStyle"', () => (
  <MyComponent
    title="The Title"
    content="The Content"
    contentStyle={{ fontFamily: 'arial', fontSize: '1.2em' }}
```

```
    />
))
```

다음과 같이 나타날 것이다.

마지막으로 가능한 모든 prop를 MyComponent에 전달하자.

```
.add('Both "titleStyle" and "contentStyle"', () => (
  <MyComponent
    title="The Title"
    content="The Content"
    titleStyle={{ fontWeight: 'normal' }}
    contentStyle={{ fontFamily: 'arial', fontSize: '1.2em' }}
  />
));
```

모든 prop가 전달되면 MyComponent는 다음과 같이 나타날 것이다.

방금 간단한 컴포넌트에 관해 7개의 스토리를 만들었다. Storybook dev 서버와 Storybook 사용자 인터페이스를 사용하면 해당 컴포넌트용으로 만든 각 스토리를 쉽게 전환할 수 있으므로 컴포넌트 간의 차이점을 쉽게 확인할 수 있다. 이런 점은 방금 본 것처럼 props만을 다루는 기능형 컴포넌트에 특히 적합하다.

다음은 방금 구현했던 모든 스토리에 관한 전체 코드다.

```
import React from 'react';
import { storiesOf } from '@storybook/react';
import MyComponent from '../MyComponent';

storiesOf('MyComponent Properties', module)
  .add('No Props', () => <MyComponent />)
  .add('Just "title"', () => <MyComponent title="The Title" />)
  .add('Just "Content"', () => <MyComponent content="The Content" />)
  .add('Both "title" and "content"', () => (
    <MyComponent title="The Title" content="The Content" />
  ))
  .add('Just "titleStyle"', () => (
    <MyComponent
      title="The Title"
      content="The Content"
      titleStyle={{ fontWeight: 'normal' }}
    />
  ))
  .add('Just "contentStyle"', () => (
    <MyComponent
      title="The Title"
      content="The Content"
      contentStyle={{ fontFamily: 'arial', fontSize: '1.2em' }}
    />
  ))
  .add('Both "titleStyle" and "contentStyle"', () => (
    <MyComponent
```

```
    title="The Title"
    content="The Content"
    titleStyle={{ fontWeight: 'normal' }}
    contentStyle={{ fontFamily: 'arial', fontSize: '1.2em' }}
  />
));
```

각 스토리마다 해당 컴포넌트에 관해 서로 다른 prop 구성을 갖도록 추가하면 컴포넌트
의 정적 스냅샷을 얻는 것과 같은 이점을 얻을 수 있다. 일단 컴포넌트에 관해 여러 스
토리를 만들었다면 그 스냅샷들을 전환하면 된다. 한편 여러분은 아직 이렇게 여러 스
토리를 구현할 준비가 되지 않았을 수도 있다. prop 값을 이리저리 조작해보고 싶으면
Knobs라는 Storybook 애드온이 있다.

Knobs 애드온을 사용하면 Storybook UI의 양식 컨트롤을 통해 React 컴포넌트 prop
값을 건드릴 수 있다. 이제 이 애드온을 사용해보자. 첫 번째 단계로 다음과 같이 프로
젝트에 설치한다.

```
npm install @storybook/addon-knobs --save-dev
```

그런 다음 Storybook 구성에 이 애드온을 사용한다고 알려줘야 한다. .storybook/
addons.js에 다음 행을 추가한다.

```
import '@storybook/addon-knobs/register';
```

이제 stories/index.js 파일에서 withKnobs 데코레이터를 임포트할 수 있는데, 그렇게
하면 이 파일을 사용해 앞으로 나오는 스토리가 prop 값을 플레이하기 위한 제어를 사
용할 거라고 Storybook에게 알리게 된다. 또한 여러분은 다양한 타입의 노브knob 컨트
롤을 임포트하길 원할 것이다. 이들 컨트롤은 Storybook UI의 값이 변경될 때 컴포넌

트에 값을 전달하는 간단한 함수다.

예제로 MyComponent에 관해 방금 구현한 것과 동일한 스토리 라인을 복사하자. 이번에는 각 프로퍼티 값을 설정하는 정적인 스토리를 만드는 대신 Knobs 애드온을 사용하는 스토리 하나만 추가해서 prop 값을 제어할 것이다. 다음은 임포트로 추가해야 하는 항목이다.

```
import { withKnobs, text, object } from '@storybook/addon-knobs/react';
```

다음은 스토리들을 위한 새로운 콘텍스트인데, 노브 컨트롤을 사용해 React 컴포넌트 프로퍼티 값을 설정하고 변경하는 default 스토리가 들어가 있다.

```
storiesOf('MyComponent Prop Knobs', module)
  .addDecorator(withKnobs)
  .add('default', () => (
    <MyComponent
      title={text('Title', 'The Title')}
      content={text('Content', 'The Content')}
      titleStyle={object('Title Style', { fontWeight: 'normal' })}
      contentStyle={object('Content Style', {
        fontFamily: 'arial',
        fontSize: '1.2em'
      })}
    />
  ));
```

Knobs 애드온으로부터 임포트한 두 함수인 text( )와 object( )는 노브 컨트롤에 관한 레이블과 기본값을 설정하는 데 사용된다. 이를 테면 title은 기본 문자열 값을 인자로 해서 text( ) 함수를 사용하고 contentStyle은 기본 스타일 객체를 인자로 해서 object( ) 함수를 사용한다.

이 Storybook 사용자 인터페이스의 결과는 다음과 같다.

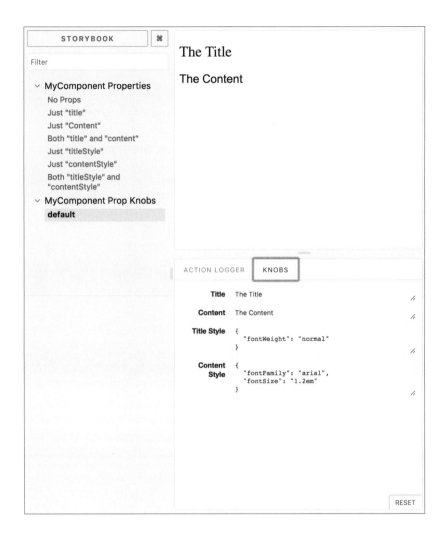

아래쪽 패널을 보면 ACTION LOGGER 탭 옆에 KNOBS 탭이 있는 것을 알 수 있다.[3] 스토리를 선언하는 데 사용된 Knobs 애드온의 함수를 기반으로 이 폼 컨트롤들이 만들어

---

3   브라우저에 따라서는 페이지 새로고침을 해야 KNOBS 탭이 나타나는 경우도 있다. – 옮긴이

진다. 이제 컴포넌트 prop 값으로 플레이해서 렌더링된 내용이 즉시 변경되는지를 지
켜볼 수 있다.

노브 필드를 실험하면서 원하는 prop 값을 찾으면 스토리에서 이 값으로 코딩하면
된다. 나중에 다시 되돌릴 수 있게 작동하는 컴포넌트 구성을 북마킹^{bookmarking}하는 것과
같다.

액션으로 실험하기

또 다른 애드온인 Actions를 알아보자. 이 애드온은 Storybook에서 기본적으로 가능하게 만든다. Actions에서 사용하는 아이디어는 스토리를 선택하면 메인 패널에서 렌더링된 페이지 요소와 상호 작용할 수 있다는 것이다. Actions는 Storybook UI에서 사용자 상호 작용을 기록하는 메커니즘을 제공한다. 또한 Actions는 컴포넌트를 통해 이동하는 데이터를 모니터링하는 범용 도구의 역할도 한다.

다음과 같이 간단한 버튼 컴포넌트부터 시작해 보자.

```
import React from 'react';

const MyButton = ({ onClick }) => (
  <button onClick={onClick}>My Button</button>
);

export default MyButton;
```

MyButton 컴포넌트는 `<button>` 요소를 렌더링하고 `onClick` 이벤트 처리기를 지정한다. 이 처리기는 실제로 MyComponent에 의해 정의된다. 즉 prop로 전달되는 것이다. 이제 다음과 같이 이 컴포넌트에 관한 스토리를 만들고 `onClick` 처리기 함수를 전달해보자.

```
import React from 'react';
import { storiesOf } from '@storybook/react';
import { action } from '@storybook/addon-actions';
import MyButton from '../MyButton';

storiesOf('MyButton', module).add('clicks', () => (
  <MyButton onClick={action('my component clicked')} />
));
```

@storybook/addon-actions로부터 임포트한 action( ) 함수가 보이는가? 이 함수는 고차 함수[higher-order function](다른 함수를 반환하는 함수)다. action('my component clicked')을 호출하면 새 함수가 반환된다. 새 함수는 console.log( )처럼 동작해서 레이블을 지정하고 임의의 값을 기록할 수 있다. 차이점으로는 Storybook의 action( ) 애드온 함수가 생성한 함수는 출력이 Storybook UI의 액션 패널에 바로 렌더링된다는 것이다.

평상시와 마찬가지로 <button> 요소는 메인 패널에 렌더링된다. 위 그림의 액션 패널에 나타난 내용은 버튼을 세 번 클릭한 결과다. 클릭할 때마다 같은 내용이 출력되므로 처리기 함수에서 지정한 my component clicked 레이블로 모두 그룹화된다.

앞의 예제에서 action()이 만드는 이벤트 처리기 함수는 컴포넌트에 전달할 실제 이벤트 처리기 함수의 대용품으로 유용하다. 다른 경우에는 실제로 이벤트 처리 동작이 필요하다. 예를 들어 자신의 상태를 유지하는 제어된 양식 필드가 있으면 상태가 변경될 때 어떤 일이 발생하는지 알아보고 싶을 것이다.

이와 같은 경우에 가장 간단하고 효과적인 접근법은 이벤트 처리기 props를 추가하는 것인데, 비록 다른 곳에서 사용하지 않더라도 말이다. 다음과 같이 이것에 관한 예를 살펴보자.

```
import React, { Component } from 'react';

class MyRangeInput extends Component {
  static defaultProps = {
    onChange() {},
    onRender() {}
  };

  state = { value: 25 };

  onChange = ({ target: { value } }) => {
    this.setState({ value });
    this.props.onChange(value);
  };

  render() {
    const { value } = this.state;
    this.props.onRender(value);
    return (
      <input
        type="range"
```

```
        min="1"
        max="100"
        value={value}
        onChange={this.onChange}
      />
    );
  }
}


export default MyRangeInput;
```

먼저 이 컴포넌트의 defaultProps를 살펴보자. 기본적으로 이 컴포넌트에는 onChange
와 onRender라는 2개의 기본 처리기 함수가 있다. 이 함수들은 아무 일도 하지 않으므로
설정해놓기 전까지는 호출하더라도 아무것도 발생하지 않는다. 어쨌든 이제 action()
처리기를 MyRangeInput 컴포넌트에 전달할 수 있다. 시도해보자. 다음은 stories/
index.js의 내용이다.

```
import React from 'react';
import { storiesOf } from '@storybook/react';
import { action } from '@storybook/addon-actions';
import MyButton from '../MyButton';
import MyRangeInput from '../MyRangeInput';

storiesOf('MyButton', module).add('clicks', () => (
  <MyButton onClick={action('my component clicked')} />
));

storiesOf('MyRangeInput', module).add('slides', () => (
  <MyRangeInput
    onChange={action('range input changed')}
    onRender={action('range input rendered')}
  />
));
```

이제 Storybook UI에서 이 스토리를 볼 때 범위 입력 슬라이더를 밀면 많은 액션이 기록되는 것이 보일 것이다.

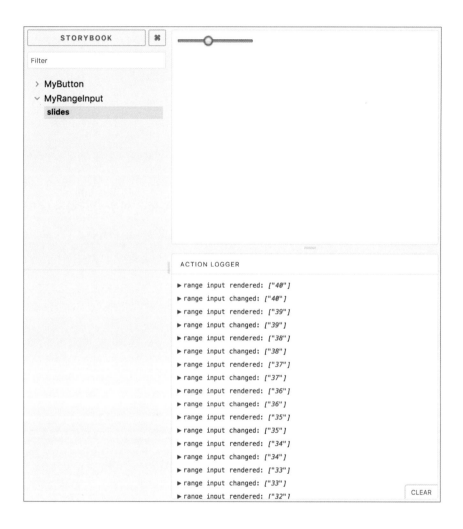

슬라이더 핸들을 이동하면 컴포넌트에 전달한 두 이벤트 처리기 함수가 컴포넌트 렌더링 생명 주기의 각 단계에서 값을 기록하는 것을 볼 수 있다. 가장 최근 값을 맨 아래에 기록하는 브라우저 dev 도구와 달리 가장 최근 액션은 패널 맨 위에 기록된다.

잠깐 MyRangeInput 코드를 다시 살펴보자. 슬라이더 핸들이 움직일 때 호출되는 첫 번째 함수는 onChange 처리기다.

```
onChange = ({ target: { value } }) => {
  this.setState({ value });
  this.props.onChange(value);
};
```

이 onChange( ) 메소드는 MyRangeInput 내부에 있다. 렌더링되는 <input> 요소가 컴포넌트 상태를 단일 정보 저장원single source of truth4으로 사용하므로 이 메소드가 필요하다. 이들은 React 용어로 통제된 컴포넌트controlled component라고 부른다. 먼저 이벤트 인자의 target.value 프로퍼티를 사용해 그 값의 상태를 설정한다. 그런 다음 this.props.onChange( )를 호출해 동일한 값을 전달한다. 이렇게 하면 Storybook UI에서 그 값을 볼 수 있다.

하지만 그곳은 컴포넌트의 업데이트된 상태를 기록할 적절한 위치가 아니라는 점에 유의한다. setState( )를 호출할 때 항상 동기식으로 업데이트되는 것은 아니므로 이 함수에서 상태를 처리했다고 가정해야 한다. setState( )를 호출하면 컴포넌트의 상태 업데이트와 후속 렌더링이 스케줄링된다.

다음은 이것이 어떻게 문제를 일으키는지에 관한 예다. 이벤트 인자로부터 값을 기록하는 대신 값 상태를 설정한 후에 그 상태를 기록했다고 하자.

4　모든 데이터 요소를 한 번에 저장하는 기법. – 옮긴이

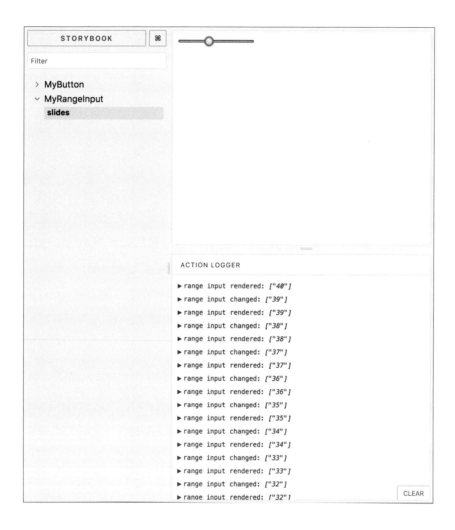

지금 이 그림에는 약간의 문제가 생겼다. onRender 처리기가 업데이트된 상태를 기록하는 반면에 onChange 처리기는 이전 상태를 기록한다. 이러한 종류의 출력 기록은 이벤트 값을 렌더링된 출력으로 추적할 경우에 아주 혼란스럽게 만든다(앞뒤가 맞지 않는다). setState( )를 호출한 후 상태 값을 기록하지 말자.

noop 함수[5]를 호출하는 아이디어가 불편하다면 Storybook에 액션을 표시하는 이러한 접근법은 적합하지 않을 수 있다. 한편 여러분은 컴포넌트 내부에 많은 디버깅 코드를 작성할 필요 없이 컴포넌트의 생명 주기 중 어느 시점에서든 뭔가를 기록할 유틸리티를 찾을지도 모른다. 그러한 경우에는 Actions가 필요하다.

스토리에 링크 걸기

Links라는 Storybook 애드온을 사용하면 일반 웹 페이지를 링크하는 것과 같은 방식으로 스토리를 링크할 수 있다. Storybook에는 스토리끼리 전환할 수 있는 내비게이션 패널이 있다. 이런 패널은 목차로 유용하다. 하지만 웹에서 내용을 읽다보면 대체로 한 단락의 텍스트에 여러 링크가 있게 된다. 웹에서 이동할 수 있는 유일한 방법이 각 문서의 목차에 있는 링크를 통하는 것이라고 가정하자.

웹에 있는 내용에 링크를 포함시키는 것이 유용하듯이 Storybook 출력에 링크를 포함시키는 것도 쓸모가 있다. 즉 링크는 콘텍스트를 제공한다. 동작하는 링크의 예를 살펴보자. Actions와 마찬가지로 프로젝트 내에서 getstorybook 명령을 실행한 적이 있다면 기본적으로 링크 애드온을 사용할 수 있다. 다음은 스토리를 작성할 컴포넌트다.

```
import React from 'react';

const MyComponent = ({ headingText, children }) => (
  <section>
    <header>
      <h1>{headingText}</h1>
    </header>
    <article>{children}</article>
```

---

5   noop 함수는 No Operation 함수의 약어이며, 아무 일도 하지 않는 함수를 의미한다. – 옮긴이

```
      </section>
  );

MyComponent.defaultProps = {
  headingText: 'Heading Text'
};

export default MyComponent;
```

이 컴포넌트는 headingText 및 children 프로퍼티를 허용한다. 이제 링크될 Storybook 스토리를 작성해보자. 다음은 출력 패널 내에서 서로 링크되는 3개의 스토리다.

```
import React from 'react';
import { storiesOf } from '@storybook/react';
import { linkTo } from '@storybook/addon-links';
import LinkTo from '@storybook/addon-links/react';
import MyComponent from '../MyComponent';

storiesOf('MyComponent', module)
  .add('default', () => (
    <section>
      <MyComponent />
      <p>
        This is the default. You can also change the{' '}
        <LinkTo story="heading text">heading text</LinkTo>.
      </p>
    </section>
  ))
  .add('heading text', () => (
    <section>
      <MyComponent headingText="Changed Heading!" />
      <p>
        This time, a custom <code>headingText</code> prop
        changes the heading text. You can also pass{' '}
```

```
      <LinkTo story="children">child elements</LinkTo> to{' '}
      <code>MyComponent</code>.
    </p>
    <button onClick={linkTo('default')}>Default</button>
  </section>
))
.add('children', () => (
  <section>
    <MyComponent>
      <strong>Child Element</strong>
    </MyComponent>
    <p>
      Passing a child component. You can also change the{' '}
      <LinkTo story="heading text">heading text</LinkTo> of{' '}
      <code>MyComponent</code>.
    </p>
    <button onClick={linkTo('default')}>Default</button>
  </section>
));
```

이들 스토리가 서로 어떻게 링크되는지 각 스토리를 살펴보자. 먼저 다음 그림과 같은
default 스토리가 있다.

MyComponent의 렌더링된 내용을 볼 수 있는데, 이 컴포넌트는 자식을 전달하지 않았으므로 헤딩 텍스트로만 구성된다. 더욱이 컴포넌트 아래에 렌더링된 내용은 설명문이므로 이것은 기본적인 헤딩 텍스트일 뿐이다. 그 내용은 다음 그림과 같이 다른 제목 텍스트를 렌더링하는 스토리에 바로 링크된다.

또다시 렌더링된 컴포넌트가 나타나는데, 이번에는 사용자 정의 headingText prop 값
과 함께 컴포넌트 아래에 다른 스토리에 관한 링크가 포함돼 있다. 여기서는 다음 링크
를 통해 사용자는 자식 요소를 MyComponent로 전달하는 스토리로 이동한다.

```
<LinkTo story="children">child elements</LinkTo>
```

또한 링크를 렌더링하는 `<LinkTo>` 컴포넌트 대신에 다음과 같이 `linkTo()` 함수를 사용해 콜백 함수를 만드는 버튼이 있는데, 이 콜백 함수를 통해 사용자는 링크된 스토리로 이동된다.

```
<button onClick={linkTo('default')}>Default</button>
```

두 접근법 모두 하나의 인자를 받는데, `MyComponent` 내에서부터 링크하므로 여기서는 추가 인자를 받는 것을 생략했다. 이와 같이 스토리 링크 기능을 사용하면 React 컴포넌트를 문서화하기 위한 도구로 Storybook을 사용할 수 있다.

문서화 도구로서의 스토리

Storybook은 컴포넌트를 개발하는 동안 컴포넌트를 격리하는 용도를 넘어서는 도구다. 애드온을 사용하면 컴포넌트를 문서화하는 데 효과적인 도구도 된다. 애플리케이션이 커짐에 따라 Storybook과 같은 것이 있어야 한다. 다른 개발자는 여러분이 만든 컴포넌트로 작업해야 할 가능성도 있다. 그들이 Storybook 스토리를 보고 여러분의 컴포넌트를 사용할 수 있는 다양한 방법을 알아본다면 멋지지 않겠는가?

7장에서 살펴볼 마지막 애드온은 Info다. 이 애드온은 표준으로 렌더링된 컴포넌트 출력 외에도 멋지게 표현된 형식으로 컴포넌트에 관한 정보를 제공한다.

문서화할 컴포넌트들을 만들어보자. 7장에서 지금껏 `stories/index.js`에 스토리를 작성하던 것과는 달리 다음과 같이 스토리를 쉽게 버릴 수 있는 것으로 분리하자.

- `stories/MyButton.story.js`
- `stories/MyList.story.js`

구현할 두 컴포넌트에 관한 스토리는 자체 모듈로 분리돼 앞으로 유지 보수하기가 더 쉬울 것이다. 이 새로운 파일 배치를 지원하기 위해서는 `.storybook/config.js`를 변경

해야 한다. 여기서는 다음과 같이 2개의 스토리 모듈을 개별적으로 요구해야 한다.[6]

```
import { configure } from '@storybook/react';

function loadStories() {
  require('../src/stories/MyButton.story');
  require('../src/stories/MyList.story');
}
configure(loadStories, module);
```

이제 컴포넌트를 살펴보자. 먼저 MyButton이다.

```
import React from 'react';
import PropTypes from 'prop-types';

const MyButton = ({ onClick }) => (
  <button onClick={onClick}>My Button</button>
);

MyButton.propATypes = {
  onClick: PropTypes.func
};

export default MyButton;
```

MyButton이 propTypes 프로퍼티를 정의한다는 것을 알 수 있다. Info Storybook 애드온에 관해 이것이 왜 중요한지 알게 될 것이다. 다음으로는 MyList 컴포넌트를 살펴보자.

---

6   info 애드온을 사용하려면 다음 명령으로 프로젝트에 설치해야 한다. – 옮긴이
     `npm install @storybook/addon-info --save-dev`

```
import React from 'react';
import PropTypes from 'prop-types';

const Empty = ({ items, children }) =>
  items.length === 0 ? children : null;

const MyList = ({ items }) => (
  <section>
    <Empty items={items}>No items found</Empty>
    <ul>{items.map((v, i) => <li key={i}>{v}</li>)}</ul>
  </section>
);

MyList.propTypes = {
  items: PropTypes.array
};

MyList.defaultProps = {
  items: []
};

export default MyList;
```

이 컴포넌트도 propTypes 프로퍼티를 정의한다. items 프로퍼티가 제공되지 않을 때 기본적으로 빈 배열을 가져서 map()에 관한 호출이 여전히 작동하도록 defaultProps 프로퍼티도 정의하는 것이다.

이제 이 2개의 컴포넌트에 관한 스토리를 작성할 준비가 됐다. 이들 스토리가 컴포넌트 문서화의 주요 소스 역할을 하는 것을 염두에 두면, 여러분은 Info 애드온을 사용해 Storybook이 주어진 스토리에 관한 사용법 정보를 사용자에게 더 많이 제공하게 할 것이다. MyButton.story.js부터 시작하자.

```
import React from 'react';
import { storiesOf } from '@storybook/react';
import { withInfo } from '@storybook/addon-info';
import { action } from '@storybook/addon-actions';
import MyButton from '../MyButton';

storiesOf('MyButton', module)
  .add(
    'basic usage',
    withInfo(`
     Without passing any properties
    `)(() => <MyButton />)
  )
  .add(
    'click handler',
    withInfo(`
      Passing an event handler function that's called when
      the button is clicked
    `)(() => <MyButton onClick={action('button clicked')} />)
  );
```

여기서는 2개의 스토리를 사용해 MyButton을 문서화하고 있는데, 각 스토리는 컴포넌 트를 사용하기 위한 각기 다른 방법을 보여준다. 첫 번째 스토리는 기본 사용법을 보여 주고, 두 번째 이야기는 클릭 처리기 프로퍼티를 전달하는 방법을 보여준다. 이들 스토 리에 새로 추가된 것은 withInfo()에 관한 호출이다. 이 함수는 Info Storybook 애드 온에서 나온 것이며, 스토리에 관해 자세히 설명하는 텍스트(마크다운 지원)를 전달할 수 있다. 즉 여기에서 컴포넌트의 특정 용도를 문서화한다.

Storybook UI에서 Info 애드온의 출력이 어떤지 보기 전에 MyList.story.js를 살펴보자.

```
import React from 'react';
import { storiesOf } from '@storybook/react';
```

```
import { withInfo } from '@storybook/addon-info';
import MyList from '../MyList';

storiesOf('MyList', module)
  .add(
    'basic usage',
    withInfo(`
      Without passing any properties
    `)(() => <MyList />)
  )
  .add(
    'passing an array of items',
    withInfo(`
      Passing an array to the items property
    `)(() => <MyList items={['first', 'second', 'third']} />)
  );
```

이것은 MyButton에 관해 정의한 스토리와 아주 흡사하다(문서와 컴포넌트는 다르지만 전반적인 구조와 접근법은 동일하다).

MyButton의 기본 사용법을 살펴보자.

예상대로 버튼은 출력 패널에 렌더링되므로 사용자는 자신이 작업한 내용을 볼 수 있다. 출력 패널의 오른쪽 맨 위 구석에는 정보 버튼이 있다. 이 버튼을 클릭하면 스토리에서 withInfo()를 호출해 제공되는 모든 추가 정보를 볼 수 있다.

이 그림은 스토리에 관한 모든 종류의 정보와 문서화한 컴포넌트를 보여준다. 위에서
아래로 여기에 표시되는 내용은 다음과 같다.

- 컴포넌트 이름
- 스토리 이름
- 사용법 설명(withInfo( )에 인자로 제공)
- 컴포넌트 렌더링에 사용된 소스

- 컴포넌트에서 사용 가능한 프로퍼티(propType로부터 읽기)

Info 애드온의 좋은 점은 출력을 렌더링하는 데 사용된 소스를 사용자에게 보여주고, 여러분이 prop 타입으로 제공한 경우에 사용 가능한 프로퍼티를 표시한다는 점이다. 즉 여러분의 컴포넌트를 알아보고 사용하려는 사람은 콤포넌트 제작자인 여러분 없이 많은 노력을 들이지 않고도 자신들이 필요한 정보를 얻을 수 있다.

항목 배열을 전달하는 MyList 컴포넌트를 살펴보자.

이 컴포넌트는 prop를 통해 받는 항목 리스트를 렌더링한다. 이제 이 스토리에 관한 정보를 살펴보자.

이 스토리에 관한 정보를 보면 이 컴포넌트가 허용하는 props, 기본값, 예제를 생성하는 데 사용된 코드를 한눈에 볼 수 있다. 또한 기본적으로 정보 패널이 숨겨져 있어 스토리를 둘러보며 필요한 최종 결과를 구하고나서 세부 사항에만 신경 쓸 수 있다.

▍정적 Storybook 앱 제작

오픈 소스 프로젝트로 배포하려는 컴포넌트 라이브러리, 또는 조직 내의 다양한 팀과 공유할 컴포넌트 라이브러리를 만들고 있다면 컴포넌트 작업 방법을 문서화하는 도구로 Storybook을 사용할 수 있다. 즉 실행할 Storybook 서버를 두지 않거나 Storybook 문서만을 호스팅할 수 있다.

어느 시나리오에서든 여러분의 컴포넌트 라이브러리용으로 작성했던 스토리에 관해 정적 빌드가 필요하다. Storybook은 getstorybook 명령을 실행할 때 이 유틸리티를 제공한다.

Storybook을 사용해 두 컴포넌트의 사용법 시나리오를 문서화했던 앞 절의 예제를 계속 진행해보자. 정적 Storybook 문서를 만들려면 프로젝트 디렉터리에서 다음 명령을 실행한다.

```
npm run build-storybook
```

다음과 같은 출력이 나타날 것이다.

```
info @storybook/react v3.3.13
info
info => Loading custom addons config.
info => Using default webpack setup based on "Create React App".
info => Copying static files from: public
info Building storybook ...
```

일단 빌드되면 프로젝트 폴더에 새로운 storybook-static 디렉터리가 보일 것이다. 그 내부에는 여러 파일이 있는데, 웹팩이 생성한 정적 자바스크립트 번들과 웹 서버에서 제공하거나 웹 브라우저에서 직접 열 수 있는 index.html 파일 등이 들어간다.

▌ 요약

7장에서는 Storybook이라는 도구에 초점을 맞췄다. Storybook은 React 개발자에게 자체적으로 React 컴포넌트를 쉽게 개발할 수 있는 샌드박스 환경을 제공한다. 여러분에게 주어진 환경이 현재 작업 중인 애플리케이션뿐이라면 일하기 어려울 수 있다. Storybook은 개발 격리 수준을 제공한다.

먼저 글로벌 Storybook 명령행 유틸리티를 설치하는 방법과 이 유틸리티를 사용해 `create-react-app` 프로젝트에 Storybook을 설정하는 방법을 배웠다. 그 다음으로 컴포넌트의 다른 시각을 보여주는 스토리를 어떻게 작성하는지를 배웠다.

그런 다음 Storybook 기능의 상당 부분이 애드온에서 비롯된 것임을 배웠다. Actions는 기록을 돕고 링크는 기본 이외의 내비게이션을 위한 메커니즘을 제공한다는 것을 알게 됐다. 또한 Storybook을 사용해 React 컴포넌트에 관한 문서를 어떻게 작성하는지도 배웠다. 정적 Storybook 콘텐츠를 만드는 방법을 알아보는 것으로 7장을 끝냈다.

8장에서는 웹 브라우저에서 사용할 수 있는 React 도구에 관해 살펴볼 것이다.

08

브라우저에서의
컴포넌트 디버깅

React 웹 애플리케이션을 개발하는 경우 React 개발자의 관점에서 페이지의 상황을 볼수 있는 브라우저 기반의 도구 활용이 필요하다. 오늘날 웹 브라우저에는 멋진 개발자 도구가 기본적으로 설치돼 있다. 이들 도구는 DOM, 스타일, 성능, 네트워크 요청 측면에서 무엇이 진행되고 있는지 알려주므로 웹 개발 수행에 필수다.

React를 사용해도 여전히 이러한 도구 활용이 필요하며, 경우에 따라서는 그 이상이 필요하다. React의 핵심 원리는 자바스크립트 컴포넌트 내에 선언형 마크업^{declarative markup}을 두는 것이다. 개발자가 웹 브라우저 도구를 활용해 작업을 하는 데 이러한 추상화가 존재하지 않는다면 개발은 필요 이상으로 어려워진다.

8장에서는 다음 내용을 배울 것이다.

- React Developer Tools 브라우저 애드온 설치하기
- React 컴포넌트 위치 찾기 및 선택
- 컴포넌트 props 및 상태 조작
- 컴포넌트 성능 프로파일링

█ React Developer Tools 애드온 설치하기

React 도구 활용을 시작하기 위한 첫 번째 단계는 React Developer Tools 브라우저 확장 프로그램을 설치하는 것이다. 크롬이 대중적이므로 8장의 예제에서는 크롬을 사용할 것이다. React Developer Tools에는 파이어폭스용 확장 프로그램(https://addons.mozilla.org/en-US/firefox/addon/react-devtools/)도 있다.

크롬에 이 확장 프로그램을 설치하려면 https://chrome.google.com/webstore/category/extensions을 방문해 다음과 같이 react developer tools를 검색한다.

우리가 필요한 확장 프로그램은 첫 번째 결과로 나타날 것이다. 이 프로그램을 설치하기 위해 ADD TO CHROME 버튼을 클릭한다.

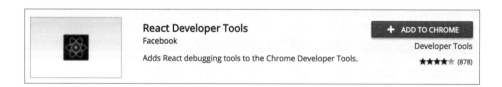

크롬은 아래 그림과 같이 이 프로그램이 여러분이 방문하는 웹사이트^{website}의 데이터를 변경할 수 있음을 경고한다. 걱정하지 말자. 이 확장 프로그램은 여러분이 React 앱을 방문할 때만 활성화된다.

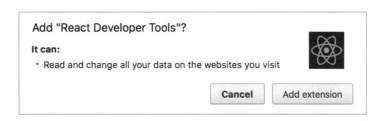

Add extension 버튼을 클릭하고 나면 이 확장 프로그램이 설치된 것으로 표시된다.

이것으로 모두 끝났다! React Developer Tools 크롬 확장 프로그램을 설치해서 사용 가능하게 하면 일반 DOM 요소에서 하는 것과 마찬가지로 페이지에서 React 컴포넌트를 검사할 준비가 된 것이다.

▌ React Developer Tools에서 React 요소로 작업하기

일단 크롬에 React Developer Tools를 설치했다면 브라우저의 주소 표시줄 오른쪽에 있는 도구 표시줄에 버튼이 보일 것이다. 나의 도구 표시줄은 다음 그림과 같다.

내 경우에는 여기에 브라우저 확장용 버튼들이 여러 개 놓여 있다. 맨 오른쪽에 React Developer Tools 버튼(React 로고)을 볼 수 있다. 앞의 그림과 같이 버튼이 회색으로 표시되면 현재 React 애플리케이션을 실행 중인 페이지에 있지 않다는 뜻이다. 이 버튼을 클릭하면 다음과 같은 메시지가 나타날 것이다.

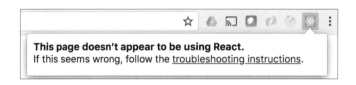

이제 create-react-app을 사용해 다음과 같이 이 책에서 따랐던 것과 같은 과정으로 새 애플리케이션을 생성하자.

```
create-react-app finding-and-selecting-components
```

다음 명령으로 개발 서버를 가동한다.

```
npm start
```

그러면 브라우저에서 새 탭으로 React 애플리케이션이 로드된 페이지가 바로 나타난다. 이제 React Developer Tools 버튼이 다르게 보일 것이다.

버튼이 진하게 나타난다. React 애플리케이션을 실행 중인 페이지에 있으므로 React Developer Tools 버튼이 활성화돼 사용 가능하다는 것을 알려준다. 지금 이 버튼을 클릭해보자.

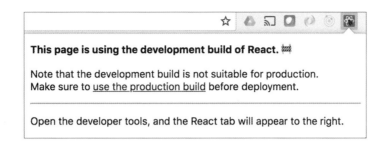

This page is using the development build of React.

Note that the development build is not suitable for production.
Make sure to use the production build before deployment.

Open the developer tools, and the React tab will appear to the right.

멋지다! React Developer Tools는 이 페이지가 React 라이브러리의 개발 빌드라는 것을 감지하게 된다. 이 기능은 React의 개발 빌드를 우연히 생산 환경으로 배포한 상황에 빠졌을 때 유용할 수 있다. 이런 일은 오늘날 `create-react-app`과 같은 도구로 하기에는 더 어려운데, 이 도구는 공짜로 생산 버전을 만들기 위한 도구 활용이 준비돼 있다.

이제 React 브라우저 도구 활용이 준비됐는데, React Developer Tools은 주어진 앱에서 사용 중인 React 빌드 타입을 감지하는 것 외에 무슨 일을 할 수 있을까? 크롬에서 개발자 도구 패널을 열어 다음 그림과 같이 나타내보자.

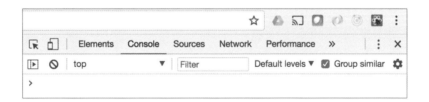

일반적으로 개발자 도구 패널에 표시되는 모든 일반 섹션(Elements, Console 등)을 볼 수 있다. 그러나 React에 관해서는 아무것도 없는가? 개발자 도구 패널을 브라우저 창 오른쪽에 고정시키면 모든 섹션을 볼 수 없다. 여러분에게도 똑같이 그렇게 보인다면 Performance 옆에 있는 화살표 버튼을 클릭하면 된다.

메뉴에서 React를 선택하면 개발자 도구 패널의 React 섹션으로 이동한다. 일단 이 섹션이 로드되면 다음 그림과 같이 루트 React 컴포넌트가 나타날 것이다.

아무 브라우저에서 DOM 인스펙터 도구를 사용한 적이 있다면 이 인터페이스는 친숙할 것이다. 왼쪽의 메인 섹션에는 React 요소 트리가 있다. 이것은 JSX 소스와 아주 유사할 것이다. 이 트리의 오른쪽에는 현재 선택한 요소(여기서는 App)에 관한 세부 사항이 나타나는데, 어떠한 프로퍼티도 정의돼 있지 않다.

App을 확장하면 다음 그림과 같이 자식 HTML 마크업과 그 외의 React 요소가 나타날 것이다.

이것은 create-react-app을 실행한 후의 기본 소스 코드이므로 App 요소 아래에 별로 관심을 둘 게 없다. React Developer Tools를 더 자세히 살펴보려면 더 많은 컴포넌트를 도입해서 페이지에 많은 React 요소를 렌더링해야 한다.

React 요소 선택

React Developer Tools를 사용해 React 요소를 선택하는 방법에는 두 가지가 있다. 개발자 도구 패널의 React 섹션을 열면 요소 트리에서 React 애플리케이션의 루트 요소가 자동으로 선택된다. 하지만 이 요소를 확장해 자식 요소를 나타내고 선택할 수 있다.

React Developer Tools를 사용해 렌더링된 React 요소를 탐색하는 간단한 애플리케이션을 만들어보자. 최상위 레벨부터 시작하는데, 다음 코드는 App 컴포넌트다.

```
import React from 'react';
import MyContainer from './MyContainer';
import MyChild from './MyChild';

const App = () => (
  <MyContainer>
    <MyChild>child text</MyChild>
  </MyContainer>
);

export default App;
```

이 소스를 보면 React 요소가 페이지에 렌더링될 때 React 요소의 전체 구조를 살짝 엿볼 수 있다. 다음으로 MyContainer 컴포넌트를 살펴보자.

```
import React from 'react';
import './MyContainer.css';
```

```
const MyContainer = ({ children }) => (
  <section className="MyContainer">
    <header>
      <h1>Container</h1>
    </header>
    <article>{children}</article>
  </section>
);

export default MyContainer;
```

이 컴포넌트는 헤더 텍스트와 children이 전달하는 내용을 렌더링한다. 이 애플리케이션에서는 MyChild 요소를 전달할 것이므로 이 컴포넌트를 알아보자.

```
import React from 'react';

const MyChild = ({ children }) => <p>{children}</p>;

export default MyChild;
```

이제 npm start를 실행하면 다음과 같은 내용이 나타날 것이다.[1]

Container

child text

---

1 다음 코드의 MyContainer.css도 작성해야 제대로 나타난다. — 옮긴이

```
.MyContainer {
  text-align: center;
}
```

별로 볼 게 없지만 모든 것이 예상대로 작동한다는 것을 알 수 있다. 이 앱은 아주 작아서 React Developer Tools 창의 트리 뷰 내에서 모든 JSX 요소를 볼 수 있다.

React 요소와 다른 요소 타입이 시각적으로 구분돼 있으므로 이 트리 뷰에서 각 요소를 쉽게 찾을 수 있다. 예를 들어 <MyContainer> 요소의 색과 <section> 요소의 색이 다르다. <MyContainer> 요소를 선택하고 어떤 일이 일어나는지 살펴보자.

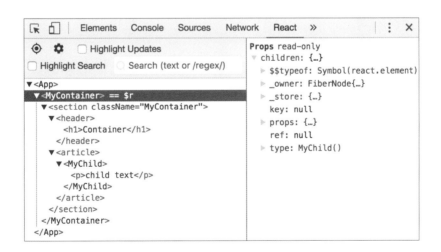

이전까지는 <App> 요소만 선택했으므로 이 요소에 관해 보여줄 게 없었다(props나 상태가 없었음). 반면에 <MyContainer> 요소에는 보여줄 프로퍼티가 있다. 여기서는 <MyChild> 요소가 <MyContainer>의 자식 요소로 렌더링됐으므로 children 프로퍼티가 있다. 선택한 요소의 오른쪽에 표시된 세부 사항에 관해서는 걱정하지 말자. 다음 절에서 자세히 설명할 것이다.

다음으로 선택 도구를 활성화하자. 이것은 요소 트리 위쪽에 있는 타깃 아이콘 버튼이다. 이 아이콘을 클릭하면 아이콘이 파란색으로 바뀌며 활성화됐다는 것을 알려준다.

이 도구의 아이디어는 페이지에 있는 요소를 클릭하면 개발자 도구 패널에서 해당 React 컴포넌트가 선택되게 하는 것이다. 이 도구가 활성화돼 있을 때 마우스 포인터를 요소 위로 가져가면 강조 표시되면서 그 요소가 무엇인지 알 수 있게 해준다.

위의 그림에서 아래의 작은 상자가 표시하듯이 마우스 포인터는 페이지의 <p> 요소 위에 있다. 요소를 클릭하면 이 선택 도구는 개발자 도구 패널에서 해당 요소를 선택하고 나서 다시 비활성화된다. 다음 그림은 <p> 요소가 선택되었을 때의 모습이다.

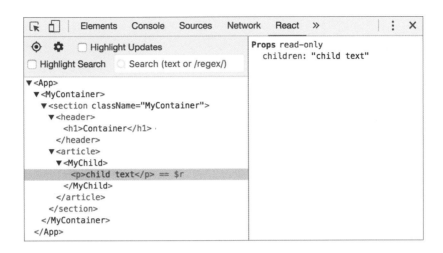

여기서 `<p>` 요소를 선택하더라도 이 요소를 렌더링한 React 요소(`<MyChild>`)의 props를 보게 될 것이다. 페이지 요소로 작업하고 있는데 어느 React 요소가 렌더링됐는지 정확히 알지 못한다면 React Developer Tools의 선택 도구를 사용하면 빠르게 찾을 수 있다.

React 요소 검색

애플리케이션 규모가 커지면 React Developer Tools 패널에서 요소 트리 또는 페이지에 있는 요소를 둘러보는 것이 쉽지 않다. 즉 React 요소를 찾을 방법이 필요하다. 다행히도 요소 트리 바로 위에 검색 박스가 있다.

검색 박스에 입력하면 그 아래의 요소 트리에 해당 요소들이 필터링돼 나타난다. 보다시피 일치하는 텍스트도 강조 표시된다. 검색은 요소의 이름에 관해서만 일치하는 것을 잡아내므로 아주 많은 동일 타입의 요소들을 필터링해야 한다면 검색이 도움되지 않을 것이다. 하지만 이런 경우조차도 검색어를 잘 선택해서 가능한 한 리스트를 줄여 수동으로 살피면 된다.

Highlight Search 체크박스를 선택하면 다음 그림과 같이 메인 브라우저 창에서 React 요소를 강조 표시한다.

이 페이지에 있는 React 요소(<MyContainer> 및 <MyChild>)는 검색 조건인 my에 걸리므로 강조 표시된다. child를 검색하면 어떤 일이 발생하는지 보자.

이번에는 검색과 일치하는 React 요소 하나만 볼 수 있다. 그 요소는 메인 브라우저 창과 요소 트리에서 강조 표시된다. 이와 같이 검색하면 요소 트리에서 요소를 선택할 때 화면의 어떤 요소로 동작하는지 정확히 알 수 있다.

▌ 컴포넌트 프로퍼티 및 상태 검사

React는 선언형 패러다임declarative paradigm을 따르므로 브라우저에서 JSX 마크업을 보여주는 React Developer Tools와 같은 도구를 갖추는 데 도움이 된다. 이것은 React 앱의 정적인 부분일 뿐이다(여러분은 UI의 요소를 선언하고 데이터가 나머지를 제어하게 한다). 같은 도구를 사용해서 앱 내부에 흐르는 props와 상태를 감시할 수 있다. 이를 설명하기 위해 일단 마운트되면 스스로 채우는 간단한 리스트를 만들어보자.

```
import React, { Component } from 'react';
import MyItem from './MyItem';

class MyList extends Component {
  timer = null;
  state = { items: [] };

  componentDidMount() {
    this.timer = setInterval(() => {
      if (this.state.items.length === 10) {
        clearInterval(this.timer);
        return;
      }

      this.setState(state => ({
        ...state,
        items: [
          ...state.items,
          {
            label: `Item ${state.items.length + 1}`,
            strikethrough: false
          }
        ]
      }));
    }, 3000);
  }

  componentWillUnmount() {
    clearInterval(this.timer);
  }
```

```
  onItemClick = index => () => {
    this.setState(state => ({
      ...state,
      items: state.items.map(
        (v, i) =>
          index === i
            ? {
                ...v,
                strikethrough: !v.strikethrough
              }
            : v
      )
    }));
  };

  render() {
    return (
      <ul>
        {this.state.items.map((v, i) => (
          <MyItem
            key={i}
            label={v.label}
            strikethrough={v.strikethrough}
            onClick={this.onItemClick(i)}
          />
        ))}
      </ul>
    );
  }
}

export default MyList;
```

이 컴포넌트가 수행하는 모든 작업의 대략적인 내용은 다음과 같다.

- timer 및 state: 이들 프로퍼티는 초기화된다. 이 컴포넌트의 메인 상태는 items 배열이다.
- componentDidMount(): 3초마다 items 배열에 새 값을 추가하는 인터벌interval 타이머를 설정한다. 10개의 항목이 쌓이면 인터벌을 지운다.
- componentWillUnmount(): timer 프로퍼티를 강제로 지우게 한다.
- onItemClick(): index 인자를 받아 해당 인덱스에 관한 이벤트 처리기를 반환한다. 그 처리기가 호출되면 strikethrough 상태가 전환된다.
- render(): 관련 props를 전달해 <MyItem> 요소의 <ul> 리스트를 렌더링한다.

여기서 아이디어는 브라우저 도구 활용에서 상태 변화가 일어나는 것을 감시할 수 있도록 리스트를 천천히 빌드하는 것이다. 그런 다음 MyList 요소를 사용하면 전달되는 props를 감시할 수 있다. 이 컴포넌트의 코드는 다음과 같다.

```
import React from 'react';

const MyItem = ({ label, strikethrough, onClick }) => (
  <li
    style={{
      cursor: 'pointer',
      textDecoration: strikethrough ? 'line-through' : 'none'
    }}
    onClick={onClick}
  >
    {label}
  </li>
);

export default MyItem;
```

이것은 간단한 리스트 항목이다. textDecoration 스타일은 strikethrough의 값에 따라 변경된다. 이 값이 true이면 텍스트는 중간에 줄이 그어져 나타날 것이다.

브라우저에서 이 앱을 로드하고 인터벌 처리기가 호출될 때 MyList 변경 상태를 지켜보자.[2] 일단 앱이 로드되면 React Developer Tools 패널을 열고 준비시킨다. 그러고 나서 <App> 요소를 확장해서 <MyList>를 선택한다. 다음 그림과 같이 그 오른쪽에 해당 요소의 상태가 나타날 것이다.

왼쪽에 렌더링된 내용은 선택된 <MyList> 요소에 관해 오른쪽에 표시된 상태와 일치한다. 5개 항목에 관한 배열이 있어서 페이지에는 5개 항목의 리스트가 렌더링된다. 이 예제에서는 인터벌 타이머를 사용해 시간에 따라 (항목이 10개가 될 때까지) 상태를 업데이트한다. 자세히 보면 새로운 리스트 항목이 추가될 때 렌더링된 내용과 동기화돼 오른쪽의 상태 값이 변경된다는 것을 알 수 있다. 상태의 개별 항목을 확장해 값을 볼 수도 있다.

---

2   App.js를 다음과 같이 작성해야 한다. – 옮긴이

```
import React from 'react';
import MyList from './MyList';

const App = () => <MyList />;

export default App;
```

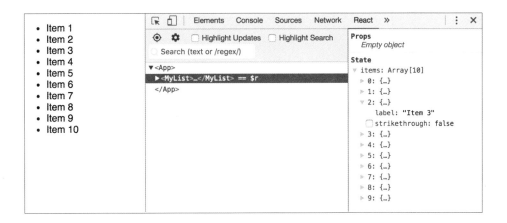

<MyList> 요소를 확장하면 items 배열 상태에 항목이 추가되면서 렌더링된 <MyItem> 요소가 모두 표시된다. 거기에서 <MyItem> 요소를 선택해 props 및 상태를 볼 수 있다. 이 예제에서 <MyItem> 요소는 props만 갖는다(상태가 없음).

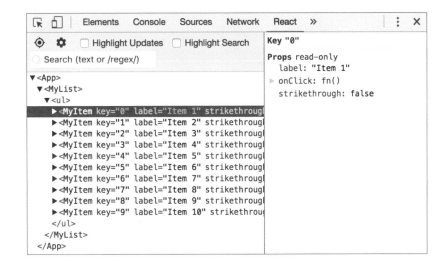

왼쪽의 트리 뷰에 있는 해당 요소로 전달된 props를 볼 수 있다. 하지만 선택한 요소의 prop 값을 표시하는 오른쪽과 그냥 보이는 값을 비교하면 읽는 데 다소 어려움이 있다.

다음 props가 <MyItem>에 전달된다.

- label: 렌더링할 텍스트
- onClick: 항목을 클릭할 때 호출되는 함수
- strikethrough: true인 경우 텍스트는 취소선 스타일로 렌더링된다.

요소가 다시 렌더링될 때 프로퍼티 변경 값을 지켜볼 수 있다. 이 앱의 경우 리스트 항목을 클릭하면 처리기 함수는 <MyList> 요소에서 항목 리스트의 상태를 변경한다. 특히 클릭된 항목의 인덱스는 strikethrough 값을 전환한다. 그러면 <MyItem> 요소가 새로운 prop 값으로 다시 렌더링된다. 개발자 도구 패널에서 클릭할 요소를 미리 나타낸 후 해당 항목을 클릭하면 프로퍼티가 변경될 때마다 그 props를 지켜볼 수 있다.

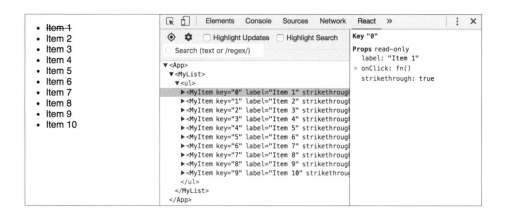

첫 번째 항목의 텍스트는 strikethrough 스타일로 렌더링된다. 그 이유는 strikethrough 프로퍼티가 true이기 때문이다. 개발자 도구 패널에서 요소 트리의 오른쪽에 있는 prop 값을 자세히 살펴보면 각 프로퍼티가 변경될 때 노란색으로 깜박이는 것을 볼 수 있다. 이는 컴포넌트를 디버깅하는 데 유용한 시각적 단서를 준다.

▌요소 상태 값 조작

React Developer Tools를 사용하면 선택한 요소의 현재 상태를 검사할 수 있다. 인터벌 타이머를 설정해서 시간에 따라 요소의 상태를 변경했던 앞 절에서와 같이 상태 변경 사항도 모니터링할 수 있다. 또한 요소의 상태는 제한된 방법으로 조작될 수도 있다.

다음 예제에서는 `MyList` 컴포넌트를 수정해 인터벌 타이머를 제거하고 컴포넌트가 만들어질 때 상태를 단순히 채워보자.

```
import React, { Component } from 'react';
import MyItem from './MyItem';

class MyList extends Component {
  timer = null;
  state = {
    items: new Array(10).fill(null).map((v, i) => ({
      label: `Item ${i + 1}`,
      strikethrough: false
    }))
  };

  onItemClick = index => () => {
    this.setState(state => ({
      ...state,
      items: state.items.map(
        (v, i) =>
          index === i
            ? {
                ...v,
                strikethrough: !v.strikethrough
              }
            : v
      )
```

```
      }));
    };

    render() {
      return (
        <ul>
          {this.state.items.map((v, i) => (
            <MyItem
              key={i}
              label={v.label}
              strikethrough={v.strikethrough}
              onClick={this.onItemClick(i)}
            />
          ))}
        </ul>
      );
    }
}

export default MyList;
```

이제 이 앱을 실행하면 즉시 렌더링된 10개의 항목이 나타날 것이다. 이 외에 다른 변경
사항은 없다. 여전히 각 항목을 클릭해 strikethrough 상태를 전환할 수 있다. 이 애플
리케이션을 실행하면 React Developer Tools 브라우저 패널을 열어서 <MyList> 요소
를 선택해본다.

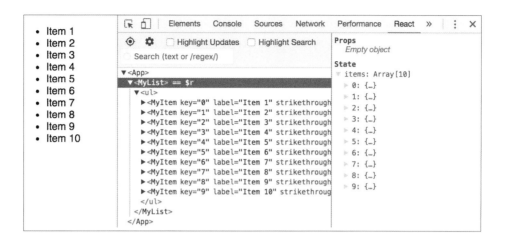

오른쪽에서 선택 요소의 상태를 볼 수 있다. 다음 그림과 같이 실제로 items 배열에 있는 객체 중 하나를 확장해서 프로퍼티 값을 변경할 수 있다.

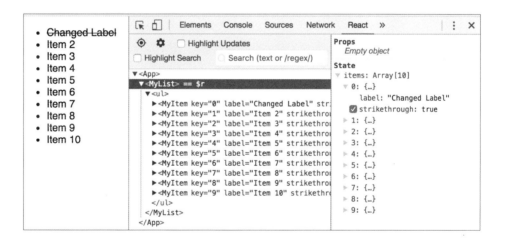

items 배열 상태에 있는 첫 번째 객체의 label 및 strikethrough 특성을 변경했다. 이로 인해 <MyList>와 첫 번째 <MyItem> 요소가 다시 렌더링됐다. 예상대로 변경된 상태는 렌더링된 왼쪽 출력에 반영된다. 이것은 렌더링된 내용을 업데이트하지 않는 컴포넌트의 문제를 해결해야 할 때 편리하다. 컴포넌트 내에서 일부 테스트 코드를 조정하기

보다는 브라우저 내에서 렌더링된 요소의 상태로 바로 이동해 조작할 수 있다.

React Developer Tools를 사용해 이와 같이 상태를 편집할 때의 주의 사항은 컬렉션에서 항목을 추가하거나 제거할 수 없다는 점이다. 예를 들어 items 배열에 새 항목을 추가하거나 배열의 객체 중 하나에 새 프로퍼티를 추가할 수 없다. 이렇게 하려면 이것 이전의 예제에서 했던 것처럼 코드 속에서 상태를 조율해야 한다.

▌ 컴포넌트 성능 프로파일링

React 컴포넌트의 성능 프로파일링profiling[3]은 React Developer Tools를 사용해 쉽게 수행할 수 있다. 실제로 요소가 재렌더링이 필요하지 않을 때도 불필요하게 재렌더링되게 하는 업데이트를 쉽게 찾을 수 있다. 또한 특정 컴포넌트가 소비하는 CPU 시간과 해당 수명 동안 소비하는 곳을 더 쉽게 수집할 수 있다.

React Developer Tools에는 메모리 프로파일 도구가 포함돼 있지 않지만, 기존 메모리 개발자 도구를 사용해 React 요소를 구체적으로 프로파일링하는 방법을 알아볼 것이다.

조정 작업 삭제하기

조정reconciliation은 React 요소가 렌더링될 때 발생한다. 먼저 요소의 현재 상태와 props를 렌더링할 가상 DOM 트리를 계산하다. 그런 다음 이 트리가 이미 한 번 이상 렌더링됐다고 가정하고 요소의 기존 트리와 이 트리를 비교한다. React가 이렇게 하는 이유는 DOM과 상호 작용하기 전에 자바스크립트로 이와 같은 변경을 조정하는 것이 더 효과적이기 때문이다. DOM 상호 작용은 단순한 자바스크립트 코드에 비해 상대적으로 시

---

3   자료 수집을 의미한다. - 옮긴이

스템에 부담을 준다. 또한 React 조정자^{reconciler}에는 신속 대응 기술이 들어 있는 경우가 많다.

React는 알아서 모두 처리한다(여러분은 그저 선언형 React 컴포넌트를 작성하는 것만으로도 충분하다). 그렇다고 해서 결코 성능 문제가 발생하지 않는다는 의미는 아니다. 자바스크립트에서의 조정이 DOM을 직접 조작하는 것보다 더 좋게 수행한다고 해서 부하를 주지 않는다는 뜻이 아니라는 말이다. 따라서 조정과 관련된 몇 가지 잠재적인 문제를 알아보고 나서 React Developer Tools를 사용해 그 문제를 해결해보자.

우리는 각 그룹 및 그 그룹의 멤버를 렌더링하는 앱을 만들 것이다. 그룹의 수와 각 그룹의 멤버 수를 변경하는 컨트롤을 둘 것이다. 마지막으로 각 렌더링된 그룹에는 새 그룹을 추가하는 버튼을 둘 것이다. `index.js`부터 시작해보자.

```
import React from 'react';
import ReactDOM from 'react-dom';
import './index.css';
import App from './App';
import registerServiceWorker from './registerServiceWorker';

const update = () => {
  ReactDOM.render(<App />, document.getElementById('root'));
};

setInterval(update, 5000);
update();

registerServiceWorker();
```

이것은 `create-react-app`에서 볼 수 있는 `index.js`와 거의 같다. 차이점이라면 `setInterval()`을 사용해 인터벌마다 호출되는 `update()` 함수가 있다는 것이다. 앱에서는 5초마다 앱을 재렌더링하는 인터벌 타이머를 무작위로 호출하지 않을 것이다. 여기서 단순한 수단으로서 이 함수를 추가해 반복적인 재렌더링과 이것의 조정 결과가 무엇인지를 설명할 것이다. 여러분은 컴포넌트를 업데이트해 상태를 새로 유지하는 실제 앱에서 비슷한 동작을 발견하게 될 것이다(이것은 해당 동작의 근사치다).

그 다음으로는 메인 App 컴포넌트가 있다. 여기는 모든 애플리케이션 상태가 있는 곳이며, 대부분의 기능을 포함한다. 파일 전체를 한번 살펴보고 나서 부분으로 나눠 알아보자.

```
import React, { Component } from 'react';
import './App.css';
import Group from './Group';

class App extends Component {
  state = {
    groupCount: 10,
    memberCount: 20,
    groups: []
  };

  refreshGroups = (groups, members) => {
    this.setState(state => {
      const groupCount =
        groups === undefined ? state.groupCount : groups;
      const memberCount =
        members === undefined ? state.memberCount : members;
      return {
        ...state,
        groupCount,
        memberCount,
        groups: new Array(groupCount).fill(null).map((g, gi) => ({
          name: `Group ${gi + 1}`,
          members: new Array(memberCount)
            .fill(null)
            .map((m, mi) => ({ name: `Member ${mi + 1}` }))
```

```
      }))
    };
  });
};

onGroupCountChange = ({ target: { value } }) => {
  // The + makes value a number.
  this.refreshGroups(+value);
};

onMemberCountChange = ({ target: { value } }) => {
  this.refreshGroups(undefined, +value);
};

onAddMemberClick = i => () => {
  this.setState(state => ({
    ...state,
    groups: state.groups.map(
      (v, gi) =>
        i === gi
          ? {
              ...v,
              members: v.members.concat({
                name: `Member ${v.members.length + 1}`
              })
            }
          : v
    )
  }));
};

componentWillMount() {
  this.refreshGroups();
}

render() {
```

```jsx
    return (
      <section className="App">
        <div className="Field">
          <label htmlFor="groups">Groups</label>
          <input
            id="groups"
            type="range"
            value={this.state.groupCount}
            min="1"
            max="20"
            onChange={this.onGroupCountChange}
          />
        </div>
        <div className="Field">
          <label htmlFor="members">Members</label>
          <input
            id="members"
            type="range"
            value={this.state.memberCount}
            min="1"
            max="20"
            onChange={this.onMemberCountChange}
          />
        </div>
        {this.state.groups.map((g, i) => (
          <Group
            key={i}
            name={g.name}
            members={g.members}
            onAddMemberClick={this.onAddMemberClick(i)}
          />
        ))}
      </section>
    );
  }
}
```

```
export default App;
```

초기 상태부터 시작하자.

```
state = {
  groupCount: 10,
  memberCount: 20,
  groups: []
};
```

이 컴포넌트가 관리하는 상태는 다음과 같다.

- groupCount: 렌더링할 그룹 수

- memberCount: 각 그룹에서 렌더링할 멤버 수

- groups: 그룹 객체의 배열

이들 각 값은 변경될 수 있으므로 상태로 저장한다. 다음은 refreshGroups() 함수를 살펴보자.

```
refreshGroups = (groups, members) => {
  this.setState(state => {
    const groupCount =
      groups === undefined ? state.groupCount : groups;
    const memberCount =
      members === undefined ? state.memberCount : members;
    return {
      ...state,
      groupCount,
      memberCount,
      groups: new Array(groupCount).fill(null).map((g, gi) => ({
        name: `Group ${gi + 1}`,
        members: new Array(memberCount)
```

```
        .fill(null)
        .map((m, mi) => ({ name: `Member ${mi + 1}` }))
    }))
  };
  });
};
```

구현 세부 사항에 관해 너무 신경쓰지 말자. 이 함수의 목적은 상태를 그룹 수와 그룹 멤버 변경 수로 채우는 것이다. 예를 들어 일단 이 함수가 호출되면 상태는 다음과 같게 될 것이다.

```
{
  groupCount: 10,
  memberCount: 20,
  groups: [
    {
      Name: 'Group 1',
      Members: [ { name: 'Member 1' }, { name: 'Member 2' } ]
    },
    {
      Name: 'Group 2',
      Members: [ { name: 'Member 1' }, { name: 'Member 2' } ]
    }
  ]
}
```

자체 함수에서 이렇게 정의되는 이유는 여러 곳에서 호출되기 때문이다. 예를 들어 componentWillMount()에서 이 함수를 호출해 컴포넌트가 처음 렌더링되기 전에 초기 상태를 갖게 된다. 다음은 이벤트 처리기 함수들을 살펴보자.

```
onGroupCountChange = ({ target: { value } }) => {
  this.refreshGroups(+value);
```

```
};

onMemberCountChange = ({ target: { value } }) => {
  this.refreshGroups(undefined, +value);
};

onAddMemberClick = i => () => {
  this.setState(state => ({
    ...state,
    groups: state.groups.map(
      (v, gi) =>
        i === gi
          ? {
              ...v,
              members: v.members.concat({
                name: `Member ${v.members.length + 1}`
              })
            }
          : v
    )
  }));
};
```

이들 함수는 다음 일을 한다.

- onGroupCountChange( ): 새 그룹 수로 refreshGroups( )를 호출해서 그룹 상태를 업데이트한다.
- onMemberCountChange( ): 그룹 상태의 모든 멤버 객체를 새 멤버 수로 업데이트한다.
- onAddMemberClick( ): 주어진 인덱스에 새 멤버 객체를 추가해 그룹 상태를 업데이트한다.

마지막으로 이 컴포넌트가 렌더링하는 JSX를 살펴보자.

```
render() {
  return (
    <section className="App">
      <div className="Field">
        <label htmlFor="groups">Groups</label>
        <input
          id="groups"
          type="range"
          value={this.state.groupCount}
          min="1"
          max="20"
          onChange={this.onGroupCountChange}
        />
      </div>
      <div className="Field">
        <label htmlFor="members">Members</label>
        <input
          id="members"
          type="range"
          value={this.state.memberCount}
          min="1"
          max="20"
          onChange={this.onMemberCountChange}
        />
      </div>
      {this.state.groups.map((g, i) => (
        <Group
          key={i}
          name={g.name}
          members={g.members}
          onAddMemberClick={this.onAddMemberClick(i)}
        />
      ))}
    </section>
  );
}
```

이 컴포넌트는 2개의 슬라이더 컨트롤을 렌더링한다. 하나는 그룹 수를 제어하고 다른 하나는 각 그룹의 멤버 수를 제어하는 컨트롤이다. 그 다음으로 그룹 리스트가 렌더링된다. 이를 위해 다음과 같은 Group 컴포넌트가 있어야 한다.

```
import React from 'react';
const Group = ({ name, members, onAddMemberClick }) => (
  <section>
    <h4>{name}</h4>
    <button onClick={onAddMemberClick}>Add Member</button>
    <ul>{members.map((m, i) => <li key={i}>{m.name}</li>)}</ul>
  </section>
);

export default Group;
```

이렇게 하면 그룹 이름이 렌더링되고 이어서 새 멤버를 추가하는 버튼이 나오며 멤버 리스트도 렌더링될 것이다. 처음 페이지를 로드하면 다음과 같은 출력이 보일 것이다.

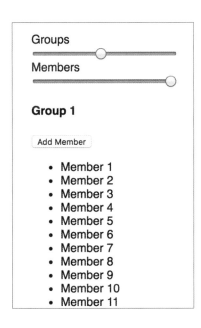

출력의 일부만이 여기에 표시된다. 즉 Group 1에는 더 많은 멤버가 있으며 그 아래로 그룹도 더 많은데, 모두 동일한 패턴을 사용해 렌더링된다. 이 페이지의 컨트롤을 사용하기 전에 React Developer Tools를 열어본다. 그런 다음 Highlight Updates 체크박스를 보자.

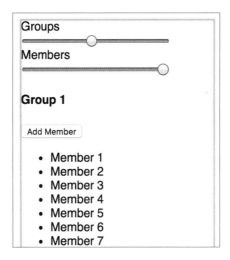

이 박스에 체크 표시를 하면 상태가 업데이트될 때 렌더링된 요소를 시각적으로 강조해준다. 5초마다 재렌더링되도록 App 컴포넌트를 설정했다는 점을 상기하자. 매번 setState( )를 호출하면 다음과 같은 결과가 출력된다.

업데이트될 때마다 파란색 테두리는 요소 주위에 잠시 깜박인다. 위의 스크린샷에서는 <App>이 렌더링하는 모든 것이 나타나 있지 않지만, <App> 컴포넌트가 방금 업데이트되었다는 표시로 파란색 테두리는 모든 <Group> 요소를 둘러싸는 것으로 나타난다. 잠시 화면을 지켜보면 파란색 테두리가 5초마다 나타날 것이다. 이것은 요소의 상태에 아무런 변화가 없더라도 여전히 조정을 수행 중이라는 것을 나타낸다. 차이점을 찾아 적절한 DOM 업데이트를 만들기 위해 수백 또는 수천 개의 트리 노드^{tree node}를 잠재적으로 탐색하는 것이다.

이 앱에서는 그다지 차이를 느낄 수 없지만, 좀 더 복잡한 React 애플리케이션에서는 이런 동작이 누적되다보면 문제 될 수 있다. 여기 특정 경우에서는 업데이트 빈도 때문에 잠재적인 문제를 갖게 된다.

App에 다음과 같이 전체 조정 수행에 관한 지름길을 찾는 메소드를 추가해보자.

```
shouldComponentUpdate(props, state) {
  return (
    this.state.groupCount !== state.groupCount ||
    this.state.memberCount !== state.memberCount
  );
}
```

React 컴포넌트 클래스에 이 shouldComponentUpdate() 메소드를 두고 이 메소드가 false를 반환하면 조정을 완전히 피해서 재렌더링되지 않는다. Highlight Updates 체크박스를 선택해놓으면 브라우저에서 즉시 변경 사항을 볼 수 있다. 잠시 지켜보면 더 이상 파란 테두리가 나타나지 않는 것을 알게 될 것이다.

업데이트 테두리에는 다른 색상도 존재한다. 파란색은 드문 업데이트에 나타난다. 업데이트 빈도에 따라 색의 범위가 빨간색 쪽으로 변한다. 예를 들어, 그룹 또는 멤버 슬라이더를 급격히 앞뒤로 밀면 빨간색 테두리를 만들어낸다.

 하지만 조정을 항상 피할 수는 없다는 점에 유의하자. 중요한 것은 거시적 관점의 최적화(macro–optimization)를 하는 것이다. 예를 들어 방금 App 컴포넌트에 추가한 솔루션은 많은 자식을 거느린 거대한 컴포넌트를 재렌더링할 필요가 없을 때 적합하다. 이는 Group 컴포넌트를 미시적 관점의 최적화(micro–optimization)를 하는 것에 비해 유용하다. 즉 미시적 관점의 최적화는 너무 작으므로 여기서 조정을 피해도 부하를 줄이는 양은 적다.

목표는 높은 수준으로 유지하면서 shouldComponentUpdate( )를 단순하게 해야 한다. 하지만 버그가 발생할 소지가 있다. 실제로 이미 버그가 들어갔다. 어느 한 그룹에서 **Add Member** 버튼을 클릭해보면 더 이상 작동하지 않는다. 그 이유는 shouldComponent Update( )에서 사용하는 기준이 groupCount 및 memberCount 상태만 고려하기 때문이다. 그룹에 새 멤버를 추가하는 것이 고려되지 않는다.

이 문제를 해결하려면 shouldComponentUpdate( )에서 groupCount 및 memberState 상태를 고려한 접근법을 사용해야 한다. 모든 그룹의 전체 멤버 수가 변경되면 앱을 재렌더링해야 한다는 것을 여러분은 알 것이다. shouldComponentUpdate( )를 다음과 같이 변경하자.

```
shouldComponentUpdate(props, state) {
  const totalMembers = ({ groups }) =>
    groups
      .map(group => group.members.length)
      .reduce((result, m) => result + m);
  return (
    this.state.groupCount !== state.groupCount ||
    this.state.memberCount !== state.memberCount ||
    totalMembers(this.state) !== totalMembers(state)
  );
}
```

totalMembers( ) 함수는 컴포넌트 상태를 인자로 받아 그룹 멤버의 총 수를 반환한다. 다음과 같이 이 함수를 사용해 현재 상태의 멤버 수를 새 상태의 멤버 수와 비교할 수 있다.

```
totalMembers(this.state) !== totalMembers(state)
```

이제 **Add Member** 버튼을 다시 클릭해보면 컴포넌트가 상태 변경에 관한 것을 감지할 수 있으므로 예상대로 멤버가 추가된다. 다시 한번 멤버 배열의 길이들을 합해 이 둘을 비교하는 데 걸리는 부하와 React DOM 트리에서 조정 수행에 걸리는 부하 사이에 균형을 따져봐야 한다.

CPU에 부하를 주는 컴포넌트 찾기

shouldComponentUpdate() 생명 주기 메소드를 사용하면 컴포넌트 성능을 거시적 관점에서 최적화할 수 있다. 요소를 재렌더링할 필요가 없다면 조정 프로세스를 완전히 회피해보자. 이 외의 경우에는 조정을 그냥 피할 수는 없다. 즉 요소 상태가 자주 바뀌면 사용자가 볼 수 있도록 이러한 변경 사항을 DOM에 반영해야 한다.

React 16의 개발 버전에는 편리한 성능 도구가 내장돼 있다. 프로파일이 기록되는 동안 관련 평가를 기록하기 위해 해당 브라우저 dev 도구 API를 호출한다. 이것은 이전에 설치한 React Developer Tools 브라우저 확장 프로그램과 관련 없다. 즉 이 도구는 개발 모드에서 브라우저와 상호 작용하는 것이다.

목표는 20가지의 각 브라우저 성능 평가를 일일이 컴포넌트에 대응시켜 알아볼 필요 없도록 React 고유의 타이밍 데이터를 생성해서 그 모든 것이 무엇을 의미하는지 파악하는 것이다. 이것이 전부다.

이 기능을 시연하려면 앞에서 설명한 것과 동일한 코드를 사용해서 몇 가지 사소한 수정을 거치면 된다. 먼저 다음과 같이 그룹에서 더 많은 멤버를 사용할 수 있게 하자.

```
state = {
  groupCount: 1,
  memberCount: 200,
  groups: []
};
```

이 숫자를 늘린 이유는 컨트롤을 조작할 때 앱의 성능을 떨어뜨리기 위해서다. 즉 성능 dev 도구를 사용해 이런 성능 저하를 잡아내야 한다. 그러고 나서 다음과 같이 members 필드의 최대 슬라이더 값을 늘린다.

```
<div className="Field">
  <label htmlFor="members">Members</label>
  <input
    id="members"
    type="range"
    value={this.state.memberCount}
    min="1"
    max="200"
    onChange={this.onMemberCountChange}
  />
</div>
```

다 됐다. 이제 브라우저에서 이 앱을 보면 다음과 같이 보일 것이다.

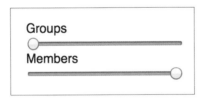

이들 슬라이더 값을 변경하기 전에 개발자 도구 패널을 열어 **Performance** 탭을 선택해 놓는다.

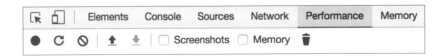

그런 다음 왼쪽의 원형 아이콘을 클릭해 성능 프로파일 기록을 시작한다. 버튼이 빨간색으로 바뀌며 프로파일링이 시작됐다는 것을 알리는 상태 대화 상자가 나타날 것이다.

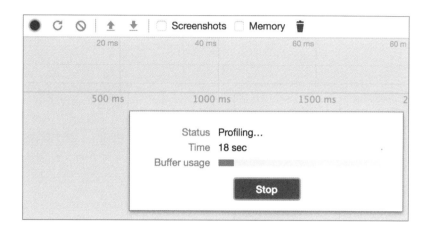

기록 중에 **Groups** 슬라이더를 오른쪽으로 끝까지 밀어본다. 오른쪽에 가까워지면 UI에서 약간의 지연이 있다는 것을 알게 될 것인데, 이는 의도적으로 그렇게 한 것이므로 괜찮다. 슬라이더의 맨 오른쪽에 도달하면 기록 시작을 위해 클릭했던 빨간색 원을 다시 클릭해서 기록을 중지한다. 다음 그림과 비슷한 내용이 나타날 것이다.

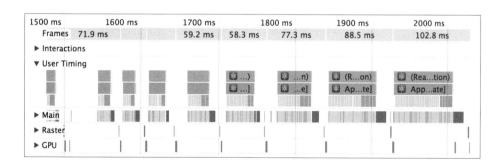

위의 그림은 모든 React 고유의 타이밍 중에서 **User Timing** 레이블을 확장한 것이다. 이 그래프에서 시간은 왼쪽에서 오른쪽으로 흐른다. 폭이 넓을수록 시간이 오래 걸린다.

슬라이더의 오른쪽 근처에서 성능이 저하되는 것을 볼 수 있다(슬라이더 컨트롤에서 느낀 지연과 일치할 것이다).

그렇다면 이 데이터의 의미를 알아보자. 성능이 떨어진 곳인 맨 오른쪽의 데이터를 살펴보자.

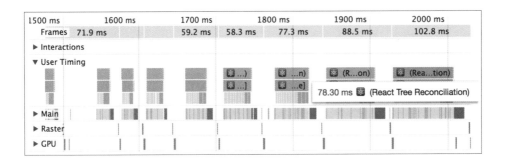

위에 나타난 레이블은 **React Tree Reconciliation**이 수행하는 데 78밀리세컨드[milliseconds][4]가 걸렸다고 알려준다. 아주 느린 건 아니지만 사용자 환경에 실질적인 영향을 미칠 정도로 느리다. 이들 레이블을 통해 알아보면 조정 프로세스가 왜 그렇게 오래 걸리는지 잘 이해할 수 있다. 그 다음 것을 살펴보자.

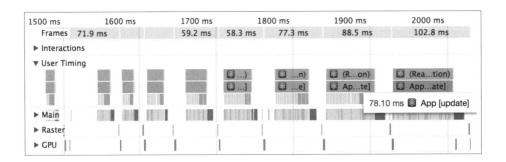

---

4 11000 초 – 옮긴이

이것은 흥미롭다. 즉 App [update] 레이블은 App 컴포넌트의 상태 업데이트가 78밀리세컨드가 걸렸다는 것을 알려준다. 이것으로 App의 상태 업데이트로 인해 React 조정 프로세스가 78밀리세컨드가 걸렸음을 알게 됐다. 다음 단계로 내려가보자. 그 아래는 두 가지 색상으로 돼 있다. 노란색이 무엇을 나타내는지 알아보자.

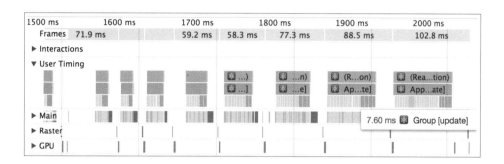

노란색 슬라이스 중 하나에 마우스 포인터를 올려놓으니 Group [update]가 Group 컴포넌트를 업데이트하는 데 7.6밀리세컨드가 걸렸다고 나타났다. 이것은 유의미하게 개선하기에는 작은 양의 시간이다. 하지만 Group 업데이트를 나타내는 노란색 슬라이스의 수를 살펴보자. 이러한 조그만 타이밍 조각들을 모두 합치면 전체 조정 시간의 상당 부분을 차지한다. 마지막으로 갈색을 살펴보자.

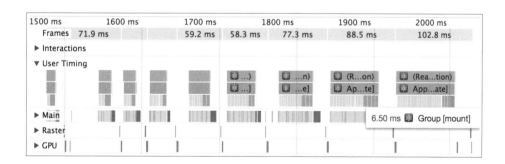

Group [mount] 레이블은 새 Group 컴포넌트를 마운트하는 데 6.5밀리세컨드가 걸렸다고 알려준다. 다시 한번 말하는데, 이것은 작은 수이지만 그 조각이 여러 개 있다.

지금까지 컴포넌트 계층의 맨 아래까지 파고들어 성능 문제의 원인을 조사했다. 여기서 무엇을 알아냈는가? React가 조정을 수행하는 데 걸리는 시간이 Group 컴포넌트에서 발생하고 있음을 확인한 것이다. Group 컴포넌트를 렌더링할 때 완료하기까지 작은 수의 밀리세컨드가 걸리지만 많은 그룹이 있다.

브라우저 개발자 도구의 성능 그래프 덕분에 이제 코드를 변경해서 얻을 게 없다는 점을 알게 됐다. 즉 유의미한 방식으로 작은 수의 밀리세컨드 시간을 향상시키지 않을 것이다. 이 앱에서 슬라이더를 통해 느껴지는 지연을 고치는 유일한 방법은 페이지에 렌더링되는 요소의 수를 줄이는 것이다. 반면에 이러한 React 성능 평가 중 어떤 것은 50 밀리세컨드 또는 수백 밀리세컨드가 나올지도 모른다. 그렇다면 수월하게 코드를 고쳐서 더 나은 사용자 환경을 제공하면 된다. 핵심은 이 절에서 작업한 것과 같은 성능 dev 도구가 없으면 실제로 무엇이 효과가 있는지 알 수 없다는 점이다.

사용자로서 애플리케이션과 상호 작용할 때 종종 성능 문제를 느낄 수 있다. 그러나 컴포넌트에 성능 문제가 있는지 확인하는 또 다른 방법은 React 평가에서 맨 위쪽에 녹색으로 표시된 프레임 속도를 확인하는 것이다. 거기에는 해당 React 코드에 관해 프레임이 렌더링되는 데 걸린 시간을 보여준다. 방금 작성한 이 예제는 슬라이더가 왼쪽에 있을 때 초당 40프레임으로 시작하지만, 슬라이더를 오른쪽으로 움직이면 초당 10프레임으로 떨어진다.

▎ 요약

8장에서는 웹 브라우저를 통해 직접 사용할 수 있는 React 도구에 관해 배웠다. 여기서 선택한 도구는 React Developer Tools라는 크롬/파이어폭스 확장 프로그램이다. 이 확장 프로그램은 브라우저 고유의 개발자 도구에 React 고유의 기능을 추가한 것이다. 확장 프로그램을 설치한 후에는 React 요소를 선택하는 방법과 React 요소를 태그 이름으로 검색하는 방법을 배웠다.

다음으로 React Developer Tools에서 React 컴포넌트의 프로퍼티와 상태 값을 살펴보았다. 이들 값은 애플리케이션에 의해 변경되므로 자동으로 최신 상태로 유지된다. 그러고 나서 브라우저에서 요소 상태를 직접 조작하는 방법을 배웠다. 여기서 한계는 컬렉션에서 값을 추가하거나 제거할 수 없다는 것이다.

마지막으로 브라우저에서 React 컴포넌트 성능을 프로파일링하는 방법을 배웠다. 이것은 React Developer Tools 기능이 아니라 React 16의 개발 빌드가 자동으로 수행하는 것이다. 이러한 프로파일을 사용하면 성능 문제가 발생할 때 제대로 처리할 수 있다. 8장에서 살펴본 예제에서는 코드에 문제가 없다는 것을 보여주었다. 즉 한 번에 너무 많은 요소를 화면에 렌더링하는 것이 문제였다.

9장에서는 Redux 기반의 React 애플리케이션을 빌드하고 Redux DevTools를 사용해 애플리케이션의 상태를 조율할 것이다.

09

Redux로 애플리케이션
상태 조율하기

Redux는 React 애플리케이션에서 상태를 관리하기 위한 라이브러리다. React 애플리케이션은 자체적으로 setState( )만을 사용해 컴포넌트의 상태를 관리할 수 있다. 이 접근법의 문제점은 상태 변경의 순서를 제어하는 것이 없다는 점이다(HTTP 요청과 같은 비동기 호출에 관해 생각해보자).

9장의 목적은 Redux를 소개하는 것이 아니다. 팩트출판사 서적과 공식 Redux 문서 등의 많은 자료가 있다. 따라서 여러분이 Redux를 처음 대한다면 9장을 읽기 전에 30분 정도 시간을 들여서 Redux의 기본 사항을 알아두어야 한다.[1] 9장의 초점은 웹 브라우

---

1   9장을 수행하기 위해서는 다음과 같이 설치해 두어야 한다. – 옮긴이

```
> npm install --save redux
> npm install --save react-redux
> npm install --save react-router-dom
```

저에서 사용할 수 있는 도구다. Redux의 가치 중 상당 부분이 Redux DevTools 브라우저 확장 프로그램에서 나온다고 생각한다.

9장에서는 다음 내용을 배울 것이다.

- 기본 Redux 앱을 빌드하는 방법(Redux 개념에 관해 깊이 고려하지 않음)
- Redux DevTools 크롬 확장 프로그램 설치
- Redux 액션 선택 및 그 내용 검토
- 시간 이동 디버깅 기술을 사용하는 방법
- 상태를 변경하기 위해 수동으로 액션 발생시키기
- 애플리케이션 상태 내보내기 및 나중에 가져오기

▋ Redux 앱 빌드하기

9장에서 사용할 예제 애플리케이션은 기본적인 기능을 갖춘 도서 관리자다. 목표는 각 Redux 액션을 설명할 수 있는 충분한 기능을 갖춘 것이지만, 규모가 큰 느낌을 주지 않고 Redux DevTools를 배울 수 있을 만큼 간단하게 만든다.

이 애플리케이션의 고급 레벨 기능은 다음과 같다.

- 추적할 도서 리스트를 렌더링한다. 각 책은 책의 제목, 저자, 표지 이미지를 나타낸다.
- 사용자가 텍스트 입력란에 타이핑해서 리스트를 필터링할 수 있다.
- 사용자는 새 책을 생성할 수 있다.
- 사용자가 책을 선택하면 세부 사항을 볼 수 있다.
- 책을 삭제할 수 있다.

Redux DevTools 확장 프로그램을 시작하기 전에 약간의 시간을 들여서 현재 애플리

케이션의 구현 과정을 알아보자.

App 컴포넌트 및 상태

App 컴포넌트는 책 관리자 애플리케이션의 바깥 껍질에 해당한다. App은 렌더링되는 다른 모든 컴포넌트의 컨테이너로 생각할 수 있다. 왼쪽에 내비게이션을 렌더링하고 애플리케이션의 경로를 정의하며, 사용자가 이동할 때 적절한 컴포넌트가 마운트 및 마운트 해제되게 한다. 다음은 App의 구현 모습이다.[2]

```
import React, { Component } from 'react';
import { connect } from 'react-redux';
import {
  BrowserRouter as Router,
  Route,
  NavLink
} from 'react-router-dom';
import logo from './logo.svg';
import './App.css';
import Home from './Home';
import NewBook from './NewBook';
import BookDetails from './BookDetails';

class App extends Component {
  render() {
    const { title } = this.props;
    return (
      <Router>
        <div className="App">
          <header className="App-header">
            <img src={logo} className="App-logo" alt="logo" />
```

---

2   9장에서는 디렉터리 구조와 파일 위치가 생략돼 있으니 다운로드한 소스 코드 번들을 참고한다. – 옮긴이

```
            <h1 className="App-title">{title}</h1>
          </header>
          <section className="Layout">
            <nav>
              <NavLink
                exact
                to="/"
                activeStyle={{ fontWeight: 'bold' }}
              >
                Home
              </NavLink>
              <NavLink to="/new" activeStyle={{ fontWeight: 'bold' }}>
                New Book
              </NavLink>
            </nav>
            <section>
              <Route exact path="/" component={Home} />
              <Route exact path="/new" component={NewBook} />
              <Route
                exact
                path="/book/:title"
                component={BookDetails}
              />
            </section>
          </section>
        </div>
      </Router>
    );
  }
}

const mapState = state => state.app;
const mapDispatch = dispatch => ({});
export default connect(mapState, mapDispatch)(App);
```

react-redux 패키지의 connect() 함수는 App 컴포넌트를 Redux 스토어(애플리케이션 상태가 있는 곳)에 연결하는 데 사용된다. mapState() 및 mapDispatch() 함수는 App 컴포넌트에 props(상태 값과 액션 디스패처)를 추가한다. 지금까지 App 컴포넌트에는 하나의 상태 값만 있고 액션 디스패처 함수는 없다.

React 컴포넌트를 Redux 스토어에 연결하는 방법에 관한 자세한 내용은 https://redux.js.org/basics/usage-with-react를 참조한다.

다음으로 app() 리듀서^{reducer} 함수를 살펴보자.

```
const initialState = {
  title: 'Book Manager'
};

const app = (state = initialState, action) => {
  switch (action.type) {
    default:
      return state;
  }
};

export default app;
```

title을 제외하고 App이 사용하는 상태는 그리 많지 않다. 사실 이 title은 결코 바뀌지 않는다. 리듀서 함수는 단순히 전달된 상태를 반환한다. 처리할 작업이 없으므로 여기에 switch 문이 실제로 필요하지는 않다. 하지만 title 상태는 액션을 기반으로 변경될 가능성이 있다(아직 그 여부를 알지 못한다). 이와 같이 리듀서 함수를 설정해 Redux 스토어에 컴포넌트를 연결할 수 있으므로 상태 변경의 원인이 되는 액션을 식별하면 리듀서 함수를 통해 처리할 수 있다.

Home 컴포넌트 및 상태

Home 컴포넌트는 App의 자식 컴포넌트로 렌더링되는 첫 번째 컴포넌트다. Home 경로는 /이며 필터 텍스트 입력 및 도서 리스트가 렌더링되는 곳이다. 앱을 처음 로드할 때 사용자가 보게 될 내용은 다음과 같다.

왼쪽에는 App 컴포넌트가 렌더링하는 2개의 내비게이션 링크가 있다. 이 링크의 오른쪽에는 필터 텍스트 입력란과 그 아래로 책 리스트가 나타난다(React 책만 있다). 이제 Home 컴포넌트 구현을 살펴보자.

```
import React, { Component } from 'react';
import { connect } from 'react-redux';

import { fetchBooks } from '../api';
```

```
import Book from './Book';
import Loading from './Loading';
import './Home.css';

class Home extends Component {
  componentWillMount() {
    this.props.fetchBooks();
  }

  render() {
    const {
      loading,
      books,
      filterValue,
      onFilterChange
    } = this.props;

    return (
      <Loading loading={loading}>
        <section>
          <input
            placeholder="Filter"
            onChange={onFilterChange}
            value={filterValue}
          />
        </section>
        <section className="Books">
          {books
            .filter(
              book =>
                filterValue.length === 0 ||
                new RegExp(filterValue, 'gi').test(book.title)
            )
            .map(book => (
              <Book
                key={book.title}
```

```
                    title={book.title}
                    author={book.author}
                    imgURL={book.imgURL}
                />
            ))}
        </section>
      </Loading>
    );
  }
}

const mapState = state => state.home;
const mapDispatch = dispatch => ({
  fetchBooks() {
    dispatch({ type: 'FETCHING_BOOKS' });
    fetchBooks().then(books => {
      dispatch({
        type: 'FETCHED_BOOKS',
        books
      });
    });
  },

  onFilterChange({ target: { value } }) {
    dispatch({ type: 'SET_FILTER_VALUE', filterValue: value });
  }
});

export default connect(mapState, mapDispatch)(Home);
```

여기서 주목해야 할 사항은 다음과 같다.

- componentWillMount()는 fetchBooks()를 호출해 API로부터 책 데이터를 로드
  한다.

- Loading 컴포넌트는 책을 가져오는 동안에 loading text를 나타내는 데 사용된다.

- Home 컴포넌트는 액션을 디스패치^{dispatch[3]}하는 함수를 정의하는데, Redux DevTools 사용을 알아보려는 것이기도 하다.

- 책 및 필터 데이터는 Redux 스토어에서 나온다.

다음은 액션을 처리하고 이 컴포넌트와 관련된 상태를 유지하는 리듀서 함수다.

```
const initialState = {
  loading: false,
  books: [],
  filterValue: ''
};

const home = (state = initialState, action) => {
  switch (action.type) {
    case 'FETCHING_BOOKS':
      return {
        ...state,
        loading: true
      };
    case 'FETCHED_BOOKS':
      return {
        ...state,
        loading: false,
        books: action.books
      };

    case 'SET_FILTER_VALUE':
      return {
        ...state,
```

---

3   처리해서 그 결과를 데이터 처리 의뢰처로 보내는 동작. – 옮긴이

```
      filterValue: action.filterValue
    };

  default:
    return state;
  }
};

export default home;
```

initialState 객체를 보면 Home이 books 배열, filterValue 문자열, loading 불리언 Boolean에 의존한다는 것을 알 수 있다. switch 문 내의 각 액션 케이스는 이 상태의 일부를 변경한다. 이 Reduce 코드를 보고 Redux 브라우저 도구와 결합해 어떤 일이 일어나는지 이해하기는 다소 까다롭지만, 앱에서 보이는 내용을 이 코드와 다시 대응시켜볼 수 있으므로 파악이 좀 명확해질 것이다.

NewBook 컴포넌트 및 상태

왼쪽 내비게이션의 Home 링크 아래에 NewBook 링크가 있다. 이 링크를 클릭하면 새 책을 생성할 수 있는 양식으로 이동한다. 이제 NewBook 컴포넌트 소스를 살펴보자.

```
import React, { Component } from 'react';
import { connect } from 'react-redux';

import { createBook } from '../api';
import './NewBook.css';

class NewBook extends Component {
  render() {
    const {
      title,
```

```
      author,
      imgURL,
      controlsDisabled,
      onTitleChange,
      onAuthorChange,
      onImageURLChange,
      onCreateBook
    } = this.props;

    return (
      <section className="NewBook">
        <label>
          Title:
          <input
            autoFocus
            onChange={onTitleChange}
            value={title}
            disabled={controlsDisabled}
          />
        </label>
        <label>
          Author:
          <input
            onChange={onAuthorChange}
            value={author}
            disabled={controlsDisabled}
          />
        </label>
        <label>
          Image URL:
          <input
            onChange={onImageURLChange}
            value={imgURL}
            disabled={controlsDisabled}
          />
        </label>
```

```jsx
        <button
          onClick={() => {
            onCreateBook(title, author, imgURL);
          }}
          disabled={controlsDisabled}
        >
          Create
        </button>
      </section>
    );
  }
}

const mapState = state => state.newBook;
const mapDispatch = dispatch => ({
  onTitleChange({ target: { value } }) {
    dispatch({ type: 'SET_NEW_BOOK_TITLE', title: value });
  },

  onAuthorChange({ target: { value } }) {
    dispatch({ type: 'SET_NEW_BOOK_AUTHOR', author: value });
  },

  onImageURLChange({ target: { value } }) {
    dispatch({ type: 'SET_NEW_BOOK_IMAGE_URL', imgURL: value });
  },

  onCreateBook(title, author, imgURL) {
    dispatch({ type: 'CREATING_BOOK' });
    createBook(title, author, imgURL).then(() => {
      dispatch({ type: 'CREATED_BOOK' });
    });
  }
});

export default connect(mapState, mapDispatch)(NewBook);
```

이 컴포넌트를 렌더링하는 데 사용된 마크업을 보면 3개의 입력 필드가 있다는 것을 알 수 있다. 이 필드의 값은 props로 전달된다. Redux 스토어로의 연결을 통해 이들 props가 나오게 된다. 상태가 변경되면 NewBook 컴포넌트가 재렌더링된다.

이 컴포넌트에 매핑되는 디스패치 함수는 이 컴포넌트의 상태를 유지 관리하는 액션을 디스패치한다. 하는 일들은 다음과 같다.

- onTitleChange( ): 새 title 상태와 함께 SET_NEW_BOOK_TITLE 액션을 디스패치한다.
- onAuthorChange( ): 새 author 상태와 함께 SET_NEW_BOOK_AUTHOR 액션을 디스패치한다.
- onImageURLChange( ): 새 imgURL 상태와 함께 SET_NEW_BOOK_IMAGE_URL 액션을 디스패치한다.
- onCreateBook( ): CREATING_BOOK 액션을 디스패치하고 나서 createBook( ) API 호출이 반환될 때 CREATED_BOOK 액션을 전달한다.

이러한 모든 액션으로 인해 하이 레벨의 애플리케이션 동작이 어떻게 발생하는지 잘 몰라도 걱정하지 말자. 그 이유는 Redux DevTools를 곧 설치해서 변경 사항에 따라 애플리케이션에 어떤 일이 일어나는지 이해할 수 있기 때문이다.

다음은 이들 액션을 처리하는 리듀서 함수다.

```
const initialState = {
  title: '',
  author: '',
  imgURL: '',
  controlsDisabled: false
};

const newBook = (state = initialState, action) => {
  switch (action.type) {
```

```
    case 'SET_NEW_BOOK_TITLE':
      return {
        ...state,
        title: action.title
      };
    case 'SET_NEW_BOOK_AUTHOR':
      return {
        ...state,
        author: action.author
      };
    case 'SET_NEW_BOOK_IMAGE_URL':
      return {
        ...state,
        imgURL: action.imgURL
      };
    case 'CREATING_BOOK':
      return {
        ...state,
        controlsDisabled: true
      };
    case 'CREATED_BOOK':
      return initialState;
    default:
      return state;
  }
};

export default newBook;
```

마지막으로 다음은 새로운 책 형태가 렌더링될 때의 모습이다.

이 필드들을 채우고 Create 버튼을 클릭하면 목mock API에 의해 새 책이 생성될 것이고, Home 페이지로 되돌아가면 새 책이 리스트에 나타날 것이다.

API 추상화

이 애플리케이션에서는 간단한 API 추상화를 사용하고 있다. Redux 앱에서는 자체 모듈이나 패키지에 캡슐화된 비동기 기능(API 또는 그 외)을 사용할 수 있어야 한다. api.js 모듈의 모양은 다음과 같은데, 일부 목 데이터는 간결하게 수정했다.

```
const LATENCY = 1000;

const BOOKS = [
  {
    title: 'React 16 Essentials',
    author: 'Artemij Fedosejev',
    imgURL: 'big long url...'
  },
  // ...
];

export const fetchBooks = () =>
  new Promise(resolve => {
    setTimeout(() => {
```

```
      resolve(BOOKS);
    }, LATENCY);
  });

export const createBook = (title, author, imgURL) =>
  new Promise(resolve => {
    setTimeout(() => {
      BOOKS.push({ title, author, imgURL });
      resolve();
    }, LATENCY);
  });

export const fetchBook = title =>
  new Promise(resolve => {
    setTimeout(() => {
      resolve(BOOKS.find(book => book.title === title));
    }, LATENCY);
  });

export const deleteBook = title =>
  new Promise(resolve => {
    setTimeout(() => {
      BOOKS.splice(BOOKS.findIndex(b => b.title === title), 1);
      resolve();
    }, LATENCY);
  });
```

Redux 애플리케이션을 빌드하는 데 필요한 것은 이것이 전부다. 여기서 주목해야 할 중요한 점은 이러한 API 함수 각각이 Promise 객체를 반환한다는 것이다. 측정이 잘 되게 하기 위해 지연 시뮬레이션을 추가할 텐데, 이렇게 하는 것이 실제 API에 좀 더 가깝기 때문이다. API 추상화로 하고 싶지 않은 것은 일반적인 값(객체나 배열 등)을 반환하게 하는 것이다. 실제 API와 상호 작용할 때 이들 값이 비동기로 된다면 초기 목 객체도 비동기인지 확인한다. 비동기가 아니라면 바로잡기가 매우 어렵다.

모두 조립하기

모든 것을 모아서 완전한 느낌을 주기 위해 소스 파일을 간략히 살펴보자. index.js부터 시작하자.

```
import React from 'react';
import ReactDOM from 'react-dom';
import './index.css';
import Root from './components/Root';
import registerServiceWorker from './registerServiceWorker';

ReactDOM.render(<Root />, document.getElementById('root'));
registerServiceWorker();
```

이 코드는 이 책에서 지금까지 작업해온 create-react-app로 뽑은 대부분의 index.js 파일과 비슷하다. App 컴포넌트를 렌더링하는 대신 Root 컴포넌트를 렌더링한다. 그 다음을 보자.

```
import React from 'react';
import { Provider } from 'react-redux';
import App from './App';
import store from '../store';

const Root = () => (
  <Provider store={store}>
    <App />
  </Provider>
);

export default Root;
```

Root의 작업은 App 컴포넌트를 react-redux의 Provider 컴포넌트로 감싸는 것이다. 이 컴포넌트는 store 프로퍼티를 가져오는데, 연결된 컴포넌트들이 이 프로퍼티를 통해 Redux 스토어 데이터에 접근할 수 있다.

다음으로 store 프로퍼티를 살펴보자.

```
import { createStore } from 'redux';
import reducers from './reducers';

export default createStore(
  reducers,
  window.__REDUX_DEVTOOLS_EXTENSION__ &&
    window.__REDUX_DEVTOOLS_EXTENSION__()
);
```

Redux에는 React 앱을 위한 스토어를 만드는 createStore() 함수가 있다. 첫 번째 인자는 액션을 처리해서 스토어의 새 상태를 반환하는 리듀서 함수다. 두 번째 인자는 스토어 상태의 변화에 응답할 수 있는 인핸서[enhancer] 함수다. 여기서는 Redux DevTools 브라우저 확장 프로그램이 설치돼 있는지 확인하고, 설치돼 있다면 스토어에 이 프로그램을 연결한다. 이 단계가 없으면 Redux 앱에서 브라우저 도구를 사용할 수 없다.

거의 다 됐다. 리듀서 함수들을 하나의 함수로 결합하는 reducers/index.js 파일을 살펴보자.

```
import { combineReducers } from 'redux';
import app from './app';
import home from './home';
import newBook from './newBook';
import bookDetails from './bookDetails';

const reducers = combineReducers({
  app,
  home,
```

274

```
  newBook,
  bookDetails
});

export default reducers;
```

Redux에는 스토어가 하나뿐이다. 스토어를 애플리케이션의 개념에 대응되는 상태 조각으로 세분화하려면 여러 상태 조각을 처리하는 개별 리듀서 함수에 이름을 붙여 combineReducers()에 전달한다. 이 앱을 사용하면 스토어는 컴포넌트에 매핑할 수 있는 다음과 같은 상태 조각들을 보유하게 된다.

- app
- home
- newBook
- bookDetails

이 앱의 조립 방법과 작동 원리를 살펴보았으므로 이제 Redux DevTools 브라우저 확장 프로그램으로 이 앱을 조율할 차례다.

▌ Redux DevTools 설치하기

Redux DevTools 브라우저 확장 프로그램 설치는 React Developer Tools 확장 프로그램을 설치하는 것과 비슷한 과정을 따른다. 첫 번째 단계는 크롬 웹 스토어를 열고 redux를 검색하는 것이다.

여러분이 찾을 확장 프로그램이 첫 번째 결과로 나타날 것이다.

Add To Chrome 버튼을 클릭한다. 그러면 앱의 권한이 표시되며 확장 프로그램을 추가
할 것인지를 묻는 대화 상자가 나타난다.

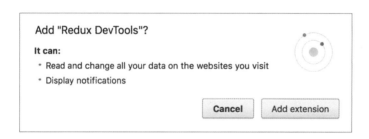

Add extension 버튼을 클릭하면 확장 프로그램이 설치됐다는 알림이 나타날 것이다.

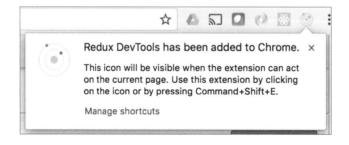

React Developer Tools 확장 프로그램과 마찬가지로 Redux를 실행하는 페이지를 열
고 이 도구에 관한 지원을 추가할 때까지는 Redux DevTools 아이콘이 비활성화된 상
태로 유지된다. 다음 코드를 사용해 책 관리자 앱에 이 도구에 관한 지원을 분명히 추가

했다는 점을 상기하자.

```
export default createStore(
  reducers,
  window.__REDUX_DEVTOOLS_EXTENSION__ &&
    window.__REDUX_DEVTOOLS_EXTENSION__()
);
```

이제 책 관리자 앱을 실행해서 그 앱에서 이 확장 프로그램을 사용할 수 있는지 확인해보자. `npm start`를 실행해 브라우저 탭으로 UI가 열리며 로드하기를 기다린 후, React 및 Redux 개발자 도구 아이콘이 모두 활성화돼야 한다.[4]

그런 다음 개발자 도구 브라우저 패널을 연다. React Developer Tools에 접근하는 것과 같은 방법으로 Redux DevTools에 접근하면 된다.

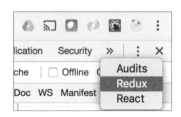

Redux 도구를 선택하면 다음 그림과 같은 것이 나타날 것이다.

---

4 다운로드한 소스 코드 번들에서 Book.js, Book.css, BookDetails.js, Home.css, Loading.js, NewBook.css, reducers/
bookDetails.js를 찾아 현재 프로젝트의 동일한 폴더에 넣어줘야 한다. – 옮긴이

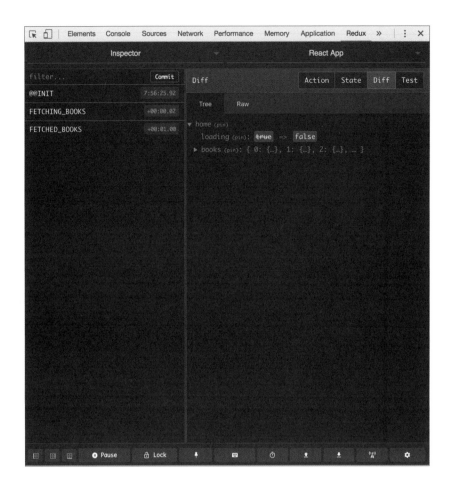

Redux DevTools의 왼쪽 패널에는 가장 중요한 데이터(애플리케이션의 액션)가 있다. 여기 반영된 것처럼 책 관리자 앱은 3개의 액션을 디스패치했으므로 모든 것이 제대로 작동하는 것을 알 수 있다.

▌액션 선택 및 검사

Redux DevTools의 왼쪽 패널에 나타난 액션은 디스패치된 순서에 따라 시간순으로 나열된다. 어떠한 액션이라도 선택할 수 있으며, 그렇게 하면 오른쪽 패널을 사용해 애플리케이션 상태와 액션 자체의 여러 측면을 검사할 수 있다. 이 절에서는 Redux 액션이 애플리케이션을 어떻게 구동하는지 자세히 알아보는 법을 배울 것이다.

액션 데이터

액션을 선택하면 액션의 일부로서 디스패치되는 데이터를 볼 수 있다. 그러나 먼저 액션들을 발생시켜보자. 앱이 로드되면 FETCHING_BOOKS 및 FETCHED_BOOKS 액션이 디스패치된다. React Native Blueprints 링크를 클릭하면 책 데이터가 로드되면서 책 세부 사항 페이지로 이동된다.[5] 이렇게 하면 2개의 새 액션(FETCHING_BOOK 및 FETCHED_BOOK)이 디스패치된다. 렌더링된 React 내용은 다음 그림과 같을 것이다.

---

5 다운로드한 소스 코드 번들 중 api.js에서 책 데이터를 참고한다. – 옮긴이

Redux DevTools의 액션 리스트는 다음과 같을 것이다.

@@INIT 액션은 Redux에 의해 자동으로 디스패치되며 항상 첫 번째 액션이다. 대체로 디스패치 및 액션 전에 애플리케이션의 상태가 어떤지를 알 필요가 없다면 이 액션에 관해 신경 쓸 필요 없다(다음 절에서 이 액션을 다룰 것이다).

지금은 FETCHING_BOOKS 액션을 선택하자. 그러고 나서 오른쪽 패널에서 Action 토글toggle 버튼을 선택해 액션 데이터를 본다. 다음 그림과 같이 보일 것이다.

액션의 트리 뷰가 기본적으로 선택된다. 여기에서 이 액션 데이터에는 type이라는 프로퍼티 하나가 있고, 그 값은 액션 이름임을 알 수 있다. 이 정보를 통해 리듀서가 이 액션으로 무엇을 해야 하는지 인식하고 있으며, 추가적인 데이터가 필요 없다는 점을 알 수 있다.

이제 FETCHED_BOOKS 액션을 선택해서 액션 데이터가 어떻게 보이는지 살펴보자.

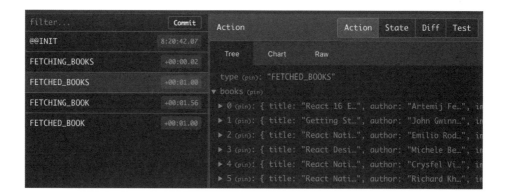

또다시 액션 이름과 함께 type 프로퍼티가 보인다. 이번에는 책 배열이 있는 books 프로퍼티도 있다. 이 액션은 API 데이터 해결 및 책 데이터가 스토어로 어떻게 나아가는지(액션에 의해 수행됨)에 관한 응답으로 디스패치된다.

액션 데이터를 살펴보면 실제 디스패치된 것을 애플리케이션 상태에서 보고 있는 것과 비교할 수 있다. 애플리케이션 상태를 변경하는 유일한 방법은 새 상태로 액션을 전달하는 것이다. 다음으로 개별 액션이 애플리케이션의 상태를 어떻게 바꾸는지 알아보자.

액션 상태 트리 및 차트

앞 절에서는 Redux DevTools를 사용해 특정 액션을 선택해서 그것의 데이터를 보는 방법을 살펴보았다. 액션 및 그 액션이 운반하는 데이터로 인해 애플리케이션 상태가 변경된다. 액션을 선택하면 그 액션이 전체 애플리케이션 상태에 미치는 영향을 볼 수 있다.

FETCHING_BOOK 액션을 선택하고 나서 오른쪽 패널에서 State 토글 버튼을 선택하자.

이 Tree 뷰는 FETCHING_BOOK 액션이 디스패치된 후 애플리케이션의 전체 상태를 보여준다. 여기서 bookDetails 상태를 확장하면 해당 액션이 상태에 미치는 영향을 볼 수있다. 위 그림의 경우에는 loading 값이 있다(현재 true다).

이제 이 액션의 Chart 뷰를 선택해보자.

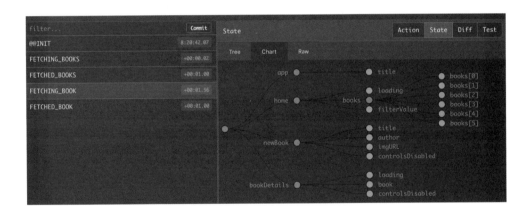

나는 애플리케이션의 전체 상태를 시각적으로 보기 위해 Tree 뷰보다 Chart 뷰를 더 좋아한다. 차트의 맨 왼쪽에는 루트 상태가 있다. 오른쪽으로는 애플리케이션 상태의 주요 조각들(app, home, newBook, bookDetails)이 있다. 오른쪽으로 더 나아갈수록 앱에 있는 컴포넌트들의 특정 상태로 파고 들어갈 수 있다. 여기서 볼 수 있듯이 가장 깊은 레벨은

books 배열 내의 개별 책들인데, 이는 home 상태에서 들어간 부분이다.

FETCHING_BOOK 액션은 여전히 선택돼 있는데, 리듀서가 이 액션에 응답한 후 이 차트가 애플리케이션 상태를 반영한 것을 의미한다. 이 액션은 bookDetails 내의 loading 상태를 변경한다. 다음 그림과 같이 마우스 포인터를 이 상태 레이블 위로 이동하면 해당 값이 표시된다.

이제 FETCHED_BOOK 액션을 선택하자. 책 세부 사항 데이터를 가져오기 위해 만들어진 API 호출에서 그 데이터를 해결하면 이 액션이 디스패치된다.

Chart 뷰를 그대로 켜둔 채 다른 액션으로 전환해보면 상태의 변화가 애니메이션돼 나타날 것이다. 멋지게 보이기도 하지만, 실제 변경되는 값을 쉽게 알아보게 하는 효과를 준다. 이 예제에서 bookDetails 아래에 있는 book 객체를 보면 새 프로퍼티가 생기는 것을 알 수 있다. 각 프로퍼티에 마우스 포인터를 올려놓고 값을 확인할 수 있다. loading 값을 확인할 수도 있다(다시 false로 되돌아간다).

액션 상태 차이

Redux DevTools에서 액션 데이터를 보는 또 다른 방법은 그 액션의 디스패치로부터 발생하는 상태 차이를 확인하는 것이다. 전체 상태 트리를 보는 것으로 상태의 변화를 조사하는 대신에 Diff 뷰는 변경된 것만 보여준다.

액션을 발생시키기 위해 새 책을 추가해보자. 나는 지금 읽고 있는 책을 추가할 것이다. 먼저 책의 제목을 붙여넣어 input 요소에서 변경 이벤트를 발생시키면 SET_NEW_BOOK_TITLE 액션이 디스패치된다. 그 액션을 선택하면 다음과 같이 나타날 것이다.

newBook 상태의 title 값은 빈 문자열에서 제목 텍스트 입력란에 붙여넣은 값으로 이동했다. 이 변경 사항을 일일이 추적하지 않고 뷰에서 관련 없는 모든 상태 데이터를 숨겨서 명확하게 보이게 한다.

그리고 나서 저자란에 붙여넣고 SET_NEW_BOOK_AUTHOR 액션을 선택한다.

여기에서도 SET_NEW_BOOK_AUTHOR를 디스패치한 결과로 author 값만 변경됐으므로 이 값만 나타난다. 다음은 마지막 양식란(이미지 URL)이다.

액션의 Diff 뷰를 사용하면 액션의 결과로 변경된 데이터만 볼 수 있다. 이것으로 충분히 알 수 없다면 State 뷰로 전환해서 전체 애플리케이션의 상태를 보면 된다.

Create 버튼을 클릭해 새 책을 생성해보자. 그러면 2개의 액션(CREATING_BOOK 및 CREATED_BOOK)이 디스패치될 것이다. 먼저 CREATING_BOOK을 살펴보자.

이 액션은 책을 생성하는 API 호출이 되기 전에 디스패치된다. 그러면 React 컴포넌트가 사용자 상호 작용의 비동기 특성을 처리할 수 있다. 이때 요청이 보류 중에 사용자가 양식 컨트롤과 상호 작용할 수 없게 해야 한다. 이 Diff를 보면 알 수 있듯이 controlsDisabled 값은 이제 false가 되므로 React 컴포넌트에서 이 값을 사용해 양식 컨트롤을 사용할 수 없게 만들 수 있다.

마지막으로 CREATED_BOOK 액션을 보자.

title, author, imgURL 값은 빈 문자열로 설정되면서 양식 필드 값을 재설정한다. controlsDisabled를 false로 설정해 양식 필드도 다시 사용할 수 있게 된다.

▌ 시간 이동 디버깅

Redux의 리듀서 함수에서 지켜야 할 한 가지 사항은 이들 함수는 순수^{pure}해야 한다는 것이다. 즉 이들 함수는 기존 데이터를 변경하지 말고 새 데이터만 반환한다. 이런 점으로 인해 시간 이동 디버깅^{time travel debugging}이 가능하다. 아무것도 변경되지 않으므로 애플리케이션의 상태를 앞으로, 뒤로 또는 임의의 시점으로 이동할 수 있다. Redux DevTools를 사용하면 이 작업을 쉽게 수행할 수 있다.

작동 중인 시간 이동 디버깅을 알아보기 위해 필터 입력란에 필터 텍스트를 입력하자.

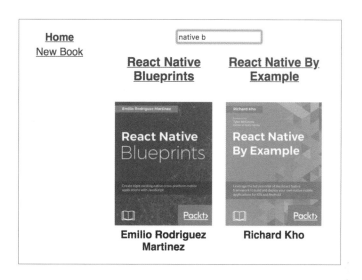

Redux DevTools의 액션을 살펴보면 다음과 같은 내용을 볼 수 있다.

디스패치된 마지막 SET_FILTER_VALUE 액션을 선택해보았다. filterValue 값은 native b이며 현재 표시되는 제목을 반영한다. 이제 2개 액션 이전으로 이동해보자. 이렇게 하려면 현재 선택된 액션에서 2개 위치 이전의 액션에 마우스 포인터를 올려놓는다. Jump

버튼을 클릭하면 다음 그림과 같이 애플리케이션의 상태가 이 SET_FILTER_VALUE가 디스패치됐던 상태로 변경된다.

filterValue가 native b에서 native로 변경됐다는 것을 알 수 있다. 끝 2개의 키 누름이 효과적으로 취소돼 상태와 UI가 적절히 업데이트됐다.

애플리케이션 상태를 현재 시간으로 되돌리려면 같은 과정을 반대로 진행한다. 제일 최근 상태에서 Jump를 클릭하면 된다.

▋ 수동으로 액션 발생시키기

Redux 애플리케이션을 개발하는 동안 수동으로 액션을 발생시키는 기능이 유용할 때가 있다. 예를 들어 컴포넌트를 준비해놓았지만 사용자 상호 작용이 어떻게 작동할지 잘 모르거나, 작동해야 하는데 그렇지 않은 문제를 해결해야 할 경우다. Redux DevTools에서 다음 그림과 같이 창의 맨 아래에 있는 키보드 아이콘 버튼을 클릭하면 수동으로 액션을 발생시킬 수 있다.

그러면 액션 페이로드^{payload}6를 입력할 수 있는 텍스트 입력란이 나타난다. 이에 관한 예를 들어보자면 일단 다음 그림과 같이 React Native By Example 책의 세부 사항 페이지로 이동했다.

---

6 적재되는 데이터를 의미한다. – 옮긴이

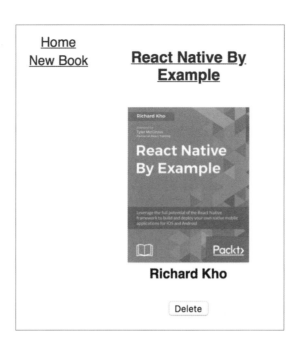

Delete 버튼을 누르는 대신 DOM 이벤트나 API 호출을 발생시키지 않고 애플리케이션 상태와 관련해서 어떤 일이 벌어지는지만 알아보고 싶다고 하자. 이렇게 하려면 Redux DevTools의 키보드 버튼을 클릭해서 수동으로 액션을 입력하고 디스패치할 수 있다. 예를 들어 `DELETING_BOOK` 액션을 보내는 방법은 다음과 같다.

이로 인해 액션이 디스패치되고 결과적으로 UI가 업데이트된다. `DELETING_BOOK` 액션은 다음과 같다.

controlsDisabled를 false로 다시 설정하려면 다음 그림과 같이 DELETED_BOOK 액션을 디스패치하면 된다.

▌ 상태 내보내기와 가져오기

Redux 애플리케이션의 크기와 복잡성이 증가하면 상태 트리의 크기와 복잡성도 따라서 증가한다. 이 때문에 개별 액션들을 찾아다니며 앱을 특정 상태로 만들 때 수동으로 반복하기가 아주 번거로울 수 있다.

Redux DevTools를 사용하면 애플리케이션의 현재 상태를 내보낼 수 있다. 그런 다음 나중에 문제를 해결해서 특정 상태를 시작점으로 해야 할 때 수동으로 재작성하지 않고 바로 로드하면 된다.

애플리케이션 상태를 내보내기를 시도해보자. 먼저 **React 16 Essentials**의 세부 사항 페이지로 이동한다.

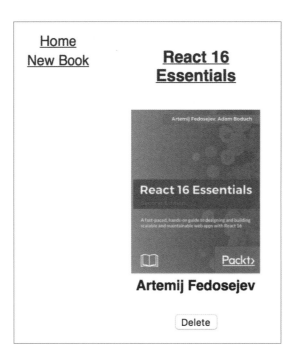

Redux DevTools를 사용해 현재 상태를 내보내려면 아래쪽 화살표가 있는 버튼을 클릭한다.

그런 다음 위쪽 화살표 버튼을 사용해 그 상태를 가져올 수 있다. 하지만 그렇게 하기 전에 Getting Started with React VR와 같은 다른 책 제목으로 이동한다.

이제 Redux DevTools 패널에서 업로드 버튼을 사용하면 된다.

책 세부 사항 페이지가 나타나 있었는데, 이 상태를 로드하면 현재 페이지의 컴포넌트가 렌더링한 상태 값을 대체한다.

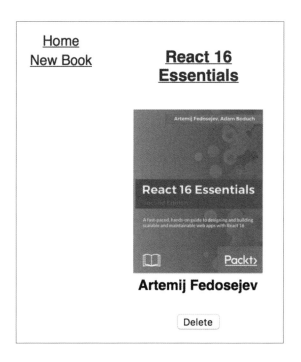

이제 Redux 스토어의 상태를 로컬로 내보내어 저장했던 시점으로 복원하는 방법을 알게 됐다. 이 아이디어는 특정 상태에 도달하기 위해 정확한 순서로 수정 액션을 기억해서 수행할 필요가 없게 해준다. 일일이 기억해서 수행하는 일은 에러 발생 소지가 있으므로 필요한 정확한 상태를 내보내놓으면 전체 과정이 필요 없다.

▌ 요약

9장에서는 간단한 도서 관리자 Redux 앱을 조립해보았다. 이 앱을 재대로 동작시켜놓고 나서 크롬에 Redux DevTools 브라우저 확장 프로그램을 설치하는 방법을 배웠다. 거기에서 액션을 보고 선택하는 방법을 배웠다.

일단 액션을 선택했으면 애플리케이션에 관한 정보를 볼 수 있는 방법은 많다. 액션 페이로드 데이터를 볼 수 있는 것이다. 애플리케이션 상태를 전체적으로도 볼 수 있다. 앱 상태와 마지막으로 디스패치된 액션 간의 차이를 확인할 수 있다. 이것들은 Redux 애플리케이션을 조율할 때 사용할 수 있는 각기 다른 접근법이다.

그런 다음 Redux DevTools에서 시간 이동 디버깅이 어떻게 작동하는지를 배웠다. Redux에서는 상태 변경이 불가하므로 Redux DevTools를 사용해 액션과 액션 사이를 점프할 수 있다. 이렇게 하면 디버깅 주기를 대폭 단순화할 수 있다. 마지막으로 액션을 수동으로 디스패치하고 애플리케이션의 상태를 가져오거나 내보내는 방법을 배웠다.

10장에서는 Gatsby를 사용해 React 컴포넌트로부터 정적 콘텐츠를 생성시키는 방법을 배울 것이다.

10

Gatsby로 정적 React 사이트 구축 및 전개하기

Gatsby는 React 개발자를 위한 정적 웹사이트 생성 도구다. 본래 이 도구의 용도는 React 컴포넌트를 빌드하고 렌더링된 출력을 잡아내어 정적 사이트 콘텐츠로 사용하는 것이다. 하지만 Gatsby는 한 단계 더 나아가 정적 사이트 생성까지 한다. 특히 웹사이트 데이터를 공급해서 이 데이터를 React 컴포넌트가 더 쉽게 소비하는 GraphQL로 변환하는 메커니즘을 제공한다. Gatsby는 싱글 페이지 브로셔^{single page brochure} 사이트에서부터 수백 페이지 분량의 사이트에 이르기까지 어느 것이라도 처리할 수 있다.

10장에서 배우게 될 내용은 다음과 같다.

- React 컴포넌트를 사용해 정적 사이트를 구축하는 이유
- 스타터를 사용해 간단한 Gatsby 사이트 구축

- 로컬 파일시스템의 데이터 사용
- Hacker News의 원격 데이터 사용

▌ 왜 정적 React 사이트인가?

Gatsby를 사용해 정적 웹사이트를 구축하기 전에 이 작업을 수행하려는 이유에 관해 간략히 설명함으로써 기초를 잡아보자. 여기에는 세 가지 핵심 요소가 있다. 이제 각 요소를 살펴보자.

React 앱의 타입

React는 대화형이면서 실시간으로 데이터가 많이 바뀌는 앱에서 그 의미가 있다. 이는 일부 앱, 심지어 대부분의 앱에서도 해당될 수 있지만, 아직도 사용자가 정적 데이터를 보고 있는 경우가 있다(정보는 아예 변경되지 않거나 자주 변경되지 않는다).

블로그를 생각해보자. 일반적인 흐름은 블로거가 일부 콘텐츠를 게시하고 나면 그 사이트를 방문한 누군가에게 해당 콘텐츠를 제공해서 그 콘텐츠를 볼 수 있게 하는 것이다. 보통의 경우는 콘텐츠를 게시한 후에도 콘텐츠가 그대로 유지되거나 정적인 상태로 있게 된다. 흔치 않은 경우로는 블로거가 이미 올렸던 게시물의 내용을 바꾸기도 하는데 드문 행위다. 이번에는 일반적인 블로그 게시 플랫폼에 관해 생각해보자. 독자가 블로그의 페이지를 방문할 때마다 데이터베이스 쿼리가 실행돼 콘텐츠가 결합된다고 하자. 결과가 매번 똑같을 거라면 굳이 쿼리를 돌릴 필요가 있을까?

다른 예를 살펴보자. 기업 스타일의 앱이 있다고 하자. 많은 양의 데이터와 많은 기능을 갖춘 대형 앱일 것이다. 앱의 일부는 사용자 상호 작용에 초점을 맞춘다. 즉 데이터를 추가하거나 변경하고 거의 실시간 데이터와 상호 작용한다. 앱의 또 다른 부분은 데이터의 이전 스냅샷을 바탕으로 데이터베이스 쿼리 및 차트에 기반한 리포트를 생성한다. 이 기업형 애플리케이션의 후자는 자주 변경되는 데이터와 상호 작용하지 않는 것으로 보인다. 앱은 생동감 있는 데이터와의 사용자 상호 작용을 처리하는 앱, 그리고 자주 변경되지 않는 정적 콘텐츠를 생성하는 앱과 같이 두 가지 앱으로 나눠서 활용할 수 있다.

대개 정적 데이터를 존재하는 부분에 관해 앱이나 큰 앱의 일부를 만들 수도 있다. 이런 경우라면 Gatsby와 같은 도구를 사용해 정적으로 렌더링된 콘텐츠를 생성할 수 있다. 그러나 왜 이렇게 할까? 그 이점은 무엇일까?

사용자 경험 개선

React 컴포넌트의 정적 버전을 만들어야 하는 가장 중요한 이유는 사용자에게 더 나은 환경을 제공하기 위해서다. 여기서 핵심적인 성과는 전체적인 성능 향상으로 나타난다. 다양한 API 엔드포인트를 다루고 React 컴포넌트에 데이터를 제공하는 모든 비동기 측면을 처리하는 것이 아니라 모든 것은 미리 로드된다.

정적으로 만든 React 콘텐츠에서 사용자 경험의 개선 효과가 적은 것은 유동 부분이 적을수록 사이트 운영의 여지가 줄어들어 사용자를 불편하게 만들 수 있기 때문이다. 예를 들어 React 컴포넌트가 네트워크를 통해 데이터를 가져올 필요가 없으면 이에 관한 실패 벡터는 존재할 이유가 사라져 사이트에서 아예 제거돼 버린다.

효율적인 자원 사용

Gatsby가 정적으로 컴파일한 컴포넌트는 소비하는 GraphQL 자원을 어떻게 효율적으로 사용하는지를 안다. GraphQL의 가장 큰 장점 중 하나는 도구들이 컴파일 시에 효율적인 코드를 파싱해서 생성하는 것이 쉽다는 점이다. Gatsby를 계속하기 전에 GraphQL에 관해 자세히 알고 싶다면 https://graphql.org/learn/을 방문한다.

정적 Gatsby React 앱이 자원 소비를 줄이는 또 다른 것은 백엔드^{backend}다. 이들 앱은 매번 똑같은 응답을 반환하는 API 엔드포인트에 지속적으로 도달하지 않는다. 실제로 동적 데이터가 필요하거나 새 데이터를 생성하는 요청에만 동일한 API 및 데이터베이스를 사용하게 된다.

▌ 처음으로 Gatsby 사이트 만들기

Gatsby를 사용하는 첫 번째 단계는 다음과 같이 명령행 도구를 글로벌로 설치하는 것이다.

```
npm install gatsby-cli -g
```

create-react-app 작동 방식과는 달리 이 명령행 도구를 실행해 Gatsby 프로젝트를 생성하면 된다. gatsby 명령은 다음과 같이 2개의 인자를 받는다.

- 새 프로젝트의 이름
- Gatsby 스타터^{starter} 저장소의 URL

프로젝트 이름은 기본적으로 모든 프로젝트 파일을 저장하기 위해 생성되는 폴더의 이름이다. Gatsby 스타터는 쉽게 만들어주는 일종의 템플릿과 같은데, 특히 배우는 학습자의 경우에 편하다. 다음과 같이 스타터를 전달하지 않으면 기본 스타터가 사용된다.

```
gatsby new your-first-gatsby-site
```

위의 명령을 실행하면 다음과 같이 실행된다.

```
gatsby new your-first-gatsby-site
https://github.com/gatsbyjs/gatsby-starter-default
```

두 경우 모두 스타터 저장소가 your-first-gatsby-site 디렉터리에 복제되고 나서 종속성이 설치된다. 제대로 설치되면 콘솔 출력이 다음과 비슷하게 나타날 것이다.

```
info Creating new site from git:
https://github.com/gatsbyjs/gatsby-starter-default.git
Cloning into 'your-first-gatsby-site'...
success Created starter directory layout
info Installing packages...
added 1540 packages from 888 contributors in 29.528s
```

이제 다음과 같이 your-first-gatsby-site 디렉터리에 들어가서 개발 서버를 시작하면 된다.

```
cd your-first-gatsby-site
gatsby develop
```

그러면 이 프로젝트 내에서 Gatsby 개발 서버가 시작된다. 다시 한번 말하지만 이것은 create-react-app이 작동하는 방식과 유사하다. 즉 아무 구성도 필요 없이 웹팩이 작동하도록 설정돼 있다. 개발 서버를 시작한 후에는 콘솔에 다음과 같은 출력이 나타날 것이다.

```
success delete html and css files from previous builds - 0.007 s
success open and validate gatsby-config.js - 0.004 s
success copy gatsby files - 0.014 s
success onPreBootstrap - 0.011 s
success source and transform nodes - 0.022 s
```

```
success building schema - 0.070 s
success createLayouts - 0.020 s
success createPages - 0.000 s
success createPagesStatefully - 0.014 s
success onPreExtractQueries - 0.000 s
success update schema - 0.044 s
success extract queries from components - 0.042 s
success run graphql queries - 0.024 s
success write out page data - 0.003 s
success write out redirect data - 0.001 s
success onPostBootstrap - 0.001 s
info bootstrap finished - 1.901 s
DONE  Compiled successfully in 3307ms
```

브라우저에서 http://localhost:8000/로 이동하면 gatsby-starter-default를 볼 수 있다.

http://localhost:8000/___graphql에서는 브라우저 내부 IDE인 GraphiQL을 통해 사이트의 데이터와 스키마를 둘러볼 수 있다.

개발 빌드^{development build}는 최적화돼 있지 않다는 점에 유의하자. 생산 빌드^{production build}를 생성하려면 gatsby build 명령을 사용한다.

```
WAIT  Compiling...
DONE  Compiled successfully in 94ms
```

웹 브라우저에서 http://localhost:8000/을 방문하면 다음과 같은 기본 내용이 나타날 것이다.

기본 스타터는 페이지들의 링크 방식을 알 수 있게 여러 페이지를 생성한다. Go to page 2 링크를 클릭하면 다음과 같은 페이지로 이동한다.

기본 Gatsby 스타터 프로젝트의 구조는 다음과 같다.

```
├── LICENSE
├── README.md
├── gatsby-browser.js
├── gatsby-config.js
├── gatsby-node.js
├── gatsby-ssr.js
├── package-lock.json
├── package.json
├── public
│   ├── index.html
```

```
|    ├── render-page.js.map
|    └── static
└── src
     ├── components
     |    └── Header
     |         └── index.js
     ├── layouts
     |    ├── index.css
     |    └── index.js
     └── pages
          ├── 404.js
          ├── index.js
          └── page-2.js
```

기본적인 사이트 디자인과 편집을 위해서는 src 아래에 있는 파일과 디렉터리에 관심을 두어야 한다. Header 컴포넌트부터 시작해서 수행할 작업을 살펴보자.

```
import React from 'react'
import Link from 'gatsby-link'

const Header = () => (
  <div
    style={{
      background: 'rebeccapurple',
      marginBottom: '1.45rem',
    }}
  >
    <div
      style={{
        margin: '0 auto',
        maxWidth: 960,
        padding: '1.45rem 1.0875rem',
      }}
    >
```

```
      <h1 style={{ margin: 0 }}>
        <Link
          to="/"
          style={{
            color: 'white',
            textDecoration: 'none',
          }}
        >
          Gatsby
        </Link>
      </h1>
    </div>
  </div>
)

export default Header
```

이 컴포넌트는 자주색 헤더 섹션을 정의한다. 지금은 타이틀이 정적이며 홈페이지로 링크돼 있고 일부 인라인 스타일을 정의한다. 다음으로 `layouts/index.js` 파일을 살펴보자.

```
import React from 'react'
import PropTypes from 'prop-types'
import Helmet from 'react-helmet'

import Header from '../components/Header'
import './index.css'

const TemplateWrapper = ({ children }) => (
  <div>
    <Helmet
      title="Gatsby Default Starter"
      meta={[
        { name: 'description', content: 'Sample' },
```

```
      { name: 'keywords', content: 'sample, something' },
    ]}
  />
  <Header />
  <div
    style={{
      margin: '0 auto',
      maxWidth: 960,
      padding: '0px 1.0875rem 1.45rem',
      paddingTop: 0,
    }}
  >
    {children()}
  </div>
  </div>
)

TemplateWrapper.propTypes = {
  children: PropTypes.func,
}

export default TemplateWrapper
```

이 모듈은 `TemplateWrapper` 컴포넌트를 내보낸다. 이 컴포넌트의 역할은 사이트의 레이아웃을 정의하는 것이다. 구현한 다른 컨테이너 컴포넌트와 마찬가지로 이 컴포넌트는 사이트의 모든 페이지에 렌더링된다. Gatsby를 제외하고는 `react-router`를 사용하는 것과 비슷하며 라우팅이 처리된다. 예를 들어 **page-2**를 가리키는 링크를 처리하는 경로는 Gatsby가 자동으로 생성한다. 마찬가지로 Gatsby는 사이트의 모든 페이지에서 링크 경로가 렌더링되게 해서 이 레이아웃 모듈을 자동으로 처리한다. 여러분이 할 일은 원하는 방식으로 나타나는지, 그리고 `children()` 함수가 렌더링됐는지를 확인하는 것뿐이다. 지금은 나타나는 대로 두면 된다.

또한 레이아웃 모듈은 사이트의 레이아웃과 관련된 스타일이 들어간 스타일시트^{stylesheet}를 임포트한다.

이제 페이지 컴포넌트를 살펴볼 텐데 index.js부터 시작해보자.

```
import React from 'react'
import Link from 'gatsby-link'

const IndexPage = () => (
  <div>
    <h1>Hi people</h1>
    <p>Welcome to your new Gatsby site.</p>
    <p>Now go build something great.</p>
    <Link to="/page-2/">Go to page 2</Link>
  </div>
)

export default IndexPage
```

일반 HTML 사이트에 index.html 파일이 있는 것처럼 정적 Gatsby 사이트에는 홈페이지에 렌더링할 내용을 내보내는 index.js 페이지가 있어야 한다. 여기에 정의된 **IndexPage** 컴포넌트는 **page-2**에 관한 링크를 포함해 기본 HTML을 렌더링한다. 다음으로 **page-2.js**를 보자.

```
import React from 'react'
import Link from 'gatsby-link'

const SecondPage = () => (
  <div>
    <h1>Hi from the second page</h1>
    <p>Welcome to page 2</p>
    <Link to="/">Go back to the homepage</Link>
```

```
    </div>
)
```

```
export default SecondPage
```

이 페이지는 홈페이지와 아주 유사하다. 여기서 렌더링된 링크는 사용자를 홈페이지로 되돌아가게 한다.

이것은 Gatsby와 함께하는 기본적인 소개였을 뿐이다. 콘텐츠를 생성하는 데 아무 데이터 소스를 사용하지 않았다. 다음 절에서 데이터 소스를 사용하게 될 것이다.

▌ 로컬 파일시스템 데이터 추가하기

앞 절에서 기본 Gatsby 웹사이트가 어떻게 돌아가는지를 보았다. 이 웹사이트는 구동할 데이터가 없었으므로 별로 흥미롭지 않았다. 예를 들어 블로그를 구동하는 데이터는 데이터베이스에 저장된 블로그 엔트리 콘텐츠다. 즉 게시 리스트 및 게시물 자체를 렌더링하는 블로그 프레임워크는 이 데이터를 사용해 마크업을 렌더링한다.

여러분은 Gatsby로 똑같은 일을 할 수 있지만 좀 더 정교한 방법으로 할 수 있다. 첫째, 마크업(또는 여기서는 React 컴포넌트)이 정적으로 빌드되고 한 번 번들링된다. 그리고 나서 이러한 빌드는 데이터베이스 또는 API를 쿼리할 필요 없이 사용자에게 제공된다. 둘째, Gatsby에서 사용하는 플러그인 아키텍처는 사용자가 하나의 데이터 소스에만 국한되지 않고 여러 소스가 결합되는 경우가 많다는 것을 염두에 둔 것이다. 마지막으로 GraphQL은 이러한 모든 것들의 맨 위에 위치한 쿼리 추상화이며, React 컴포넌트에 데이터를 전달한다.

시작하려면 웹사이트 콘텐츠를 구동할 데이터 소스가 필요하다. 지금은 단순하게 하기 위해 로컬 JSON 파일을 소스로 사용할 것이다. 이렇게 하려면 다음과 같이 gatsby-source-filesystem 플러그인을 설치해야 한다.

```
npm install --save gatsby-source-filesystem
```

이 패키지가 설치되면 다음과 같이 gatsby-config.js 파일을 편집해 프로젝트에 이 패키지를 추가한다.

```
plugins: [
  // Other plugins...
  {
    resolve: 'gatsby-source-filesystem',
    options: {
      name: 'data',
      path: `${__dirname}/src/data/`,
    },
  },
]
```

name 옵션은 GraphQL 백엔드에 쿼리 결과를 어떻게 구성할지 알려준다. 여기서는 모든 것이 data 프로퍼티 아래에 있게 된다. path 옵션은 읽을 수 있는 파일을 제한한다. 이 예제에서 사용된 경로는 src/data다. 즉 이 디렉터리 안의 파일들이 쿼리 가능하게 된다.

이 시점에서 Gatsby 개발 서버를 시작해보자.[1] GraphiQL 유틸리티는 http://localhost:8000/___graphql로 접근할 수 있다. Gatsby 웹사이트를 개발할 때 이 도구로 즉석 GraphQL 쿼리를 생성해서 바로 실행할 수 있으므로 이 도구를 자주 활용하게 될 것이다. 이 인터페이스를 처음 로드하면 다음과 같은 내용이 나타난다.

---

1   src 폴더 안에 data 폴더를 만들어 놓아야 한다. – 옮긴이

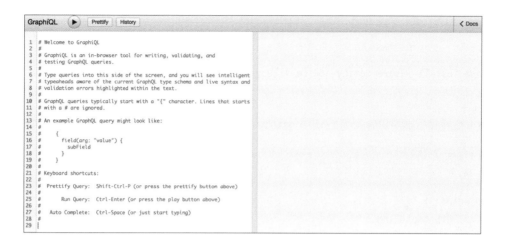

왼쪽 패널은 GraphQL 쿼리를 작성하는 곳이고, 위의 플레이 버튼을 클릭하면 쿼리가 실행돼 오른쪽 패널에 쿼리 결과가 나타난다. 오른쪽 위의 Docs 링크를 통해 Gatsby가 생성한 사용 가능한 GraphQL 타입을 알아볼 수 있다. 또한 왼쪽의 쿼리 편집기 패널은 입력할 때 자동 완성 기능을 지원하므로 쿼리 작성을 쉽게 해준다.

파일시스템의 파일에 관한 정보를 나열하는 첫 번째 쿼리를 실행해보자. 쿼리 결과를 반환하려면 src/data에 적어도 하나의 파일이 필요하다. 다음은 data 디렉터리에 있는 파일의 이름, 확장자, 크기를 쿼리하는 방법이다.

보다시피 특정 노드 필드가 쿼리에 지정된다. 오른쪽 패널의 결과는 요청에 따른 정확한 필드를 얻었다는 것을 보여준다. GraphQL 매력 중 하나는 여러 백엔드 데이터 소스에 걸쳐 임의로 중첩된 복잡한 쿼리를 만들 수 있다는 것이다. 하지만 GraphQL을 세부적으로 알아보는 것은 이 책의 범위를 넘어서게 된다. Gatsby 홈페이지(https://www.gatsbyjs.org/)에는 GraphQL 튜토리얼 및 문서에 관한 링크를 포함해 GraphQL에 관한 멋진 자료들이 있다.

여기서 중요한 점은 `gatsby-source-filesystem` 데이터 소스 플러그인이 힘든 GraphQL을 처리해주었다는 것이다. 이 플러그인은 여러분을 위해 전체 스키마를 생성하는데, 이것의 의미는 이 플러그인을 설치하면 개발 서버를 시작해서 자동 완성 및 문서화 기능을 곧장 시험할 수 있다는 것이다.

이 예제에서 더 나아가 UI에 로컬 파일 데이터를 렌더링할 필요까지는 없을 것이다. 이제 다음과 같이 JSON 콘텐츠가 있는 `articles.json` 파일을 만들어보자.[2]

```
[
  { "topic": "global", "title": "Global Article 1" },
  { "topic": "global", "title": "Global Article 2" },
  { "topic": "local", "title": "Local Article 1" },
  { "topic": "local", "title": "Local Article 2" },
  { "topic": "sports", "title": "Sports Article 1" },
  { "topic": "sports", "title": "Sports Article 2" }
]
```

이 JSON 구조체는 topic 및 title 프로퍼티를 가진 기사 객체의 배열이다. 이것은 GraphQL을 사용해 쿼리할 데이터다. 이를 위해 다음과 같이 또 하나의 Gatsby 플러그인을 설치해야 한다.

---

2   src/data 폴더 안에 만든다. - 옮긴이

```
npm install --save gatsby-transformer-json
```

gatsby-transformer-json 플러그인은 Gatsby 플러그인의 다른 카테고리(트랜스포머 transformer)에서 나온 것이다. 소스 플러그인들은 Gatsby에 데이터를 공급하는 역할을 담당하며, 트랜스포머 플러그인들은 GraphQL을 통해 데이터를 쿼리할 수 있게 한다. 다른 플러그인과 마찬가지로 다음과 같이 프로젝트 config에 이 플러그인을 추가해야 한다.

```
plugins: [
  // Other plugins...
  'gatsby-transformer-json',
],
```

data 디렉터리에 JSON 내용의 파일을 생성했고 Gatsby-transformer-json 플러그인을 설치해서 활성화시켰으므로 GraphiQL로 되돌아가 다음과 같이 JSON 내용을 쿼리할 수 있다.

```
GraphiQL  ▶  Prettify  History                                    ‹ Docs

1 ▾ {                              ▾ {
2 ▾   allArticlesJson {              "data": {
3 ▾     edges {                        "allArticlesJson": {
4         node {                         "edges": [
5           topic                          {
6           title                            "node": {
7         }                                    "topic": "global",
8       }                                      "title": "Global Article 1"
9     }                                      }
10  }                                      },
11 }                                        {
                                             "node": {
                                               "topic": "global",
                                               "title": "Global Article 2"
                                             }
                                           },
                                           {
                                             "node": {
                                               "topic": "local",
                                               "title": "Local Article 1"
                                             }
                                           },
                                           {
                                             "node": {
                                               "topic": "local",
                                               "title": "Local Article 2"
                                             }
                                           },
                                           {
                                             "node": {
                                               "topic": "sports",
                                               "title": "Sports Article 1"
                                             }
                                           },
```

gatsby-transformer-json 플러그인은 데이터 소스에서 발견된 JSON 데이터를 기반으로 GraphQL 스키마를 정의하므로 allArticlesJson 쿼리를 가능하게 한다. node 아래에서 다른 GraphQL 쿼리와 마찬가지로 특정 프로퍼티를 요청할 수 있다. 그 결과로 쿼리에서 요청한 JSON 데이터 모두를 얻게 된다.

이 예제에서는 세 페이지에 걸쳐서 topic을 기준으로 기사가 나열된다고 가정하자. 그렇다면 쿼리가 반환하는 노드를 필터링하는 방법이 필요하다. 이때 GraphQL 구문에 직접 필터를 추가하면 된다. 예를 들어 글로벌 기사만 찾으려면 다음과 같이 쿼리를 실행한다.

이번에는 filter 인자가 `allArticlesJson` 쿼리에 전달된다. 여기서 쿼리는 topic 값이 global인 노드를 요청한다. 물론 topic이 global인 기사가 결과로 반환된다.

GraphiQL 유틸리티를 사용하면 React 컴포넌트에서 사용할 수 있는 GraphQL 쿼리를 디자인할 수 있다. 올바른 결과를 반환하는 쿼리가 있으면 이를 컴포넌트에 그대로 복사하면 된다. 이 마지막 쿼리는 글로벌 기사를 반환하므로 다음의 `pages/global.js` 페이지에 사용되는 컴포넌트에서 이 쿼리를 사용할 수 있다.

```
import React from 'react'
import Link from 'gatsby-link'

export default ({ data: { allArticlesJson: { edges } } }) => (
  <div>
    <h1>Global Articles</h1>
    <Link to="/">Home</Link>
    <ul>
      {edges.map(({ node: { title } }) => (
        <li key={title}>{title}</li>
      ))}
    </ul>
```

```
    </div>
  )

export const query = graphql`
  query GlobalArticles {
    allArticlesJson(filter: { topic: { eq: "global" } }) {
      edges {
        node {
          topic
          title
        }
      }
    }
  }
`
```

이 모듈에서는 주의해야 할 사항이 두 가지 있다. 먼저 컴포넌트에 전달된 인자를 보고 GraphiQL에서 봤던 결과 데이터와 어떻게 일치하는지 확인한다. 이 데이터는 글로벌 기사 타이틀 리스트를 렌더링하는 데 사용된다. 다음으로 query 익스포트 문자열을 확인한다. 빌드하는 동안 Gatsby는 이 문자열을 찾아 해당 GraphQL 쿼리를 실행해 컴포넌트가 정적 스냅샷 결과를 얻게 된다.

글로벌 기사를 어떻게 필터링하는지 안다면 이제 다음과 같이 pages/local.js 페이지에서 필터를 업데이트할 수 있다.

```
import React from 'react'
import Link from 'gatsby-link'

export default ({ data: { allArticlesJson: { edges } } }) => (
  <div>
    <h1>Local Articles</h1>
    <Link to="/">Home</Link>
    <ul>
```

```
      {edges.map(({ node: { title } }) => (
        <li key={title}>{title}</li>
      ))}
    </ul>
  </div>
)

export const query = graphql`
  query LocalArticles {
    allArticlesJson(filter: { topic: { eq: "local" } }) {
      edges {
        node {
          topic
          title
        }
      }
    }
  }
`
```

다음은 pages/sports.js 페이지의 모습이다.

```
import React from 'react'
import Link from 'gatsby-link'

export default ({ data: { allArticlesJson: { edges } } }) => (
  <div>
    <h1>Sports Articles</h1>
    <Link to="/">Home</Link>
    <ul>
      {edges.map(({ node: { title } }) => (
        <li key={title}>{title}</li>
      ))}
    </ul>
```

```
    </div>
)

export const query = graphql`
  query SportsArticles {
    allArticlesJson(filter: { topic: { eq: "sports" } }) {
      edges {
        node {
          topic
          title
        }
      }
    }
  }
`
```

이들 3개의 컴포넌트는 아주 유사하게 보일 것이다. 그 이유는 이들이 모두 동일한 데
이터로 작업하기 때문이다. 여기서 고유한 것은 title뿐이다. 이러한 중복을 줄이려면 다
음과 같이 상위 컴포넌트를 만들어서 title 인자를 받아 각 페이지에 사용된 동일한 기본
컴포넌트를 반환하면 된다.

```
import React from 'react'
import Link from 'gatsby-link'

export default title => ({ data: { allArticlesJson: { edges } } }) => (
  <div>
    <h1>{title}</h1>
    <Link to="/">Home</Link>
    <ul>
      {edges.map(({ node: { title } }) => (
        <li key={title}>{title}</li>
      ))}
    </ul>
  </div>
```

```
    </div>
)
```

그러고 나서 다음과 같이 사용하면 된다.

```
import React from 'react'
import ArticleList from '../components/ArticleList'

export default ArticleList('Global Articles')

export const query = graphql`
  query GlobalArticles {
    allArticlesJson(filter: { topic: { eq: "global" } }) {
      edges {
        node {
          topic
          title
        }
      }
    }
  }
`
```

이들 페이지들을 보게 하려면 다음과 같이 각 페이지로 연결하는 인덱스 페이지가 필요하다.

```
import React from 'react'
import Link from 'gatsby-link'

const IndexPage = () => (
  <div>
    <h1>Home</h1>
    <p>Choose an article category</p>
```

```
    <ul>
      <li>
        <Link to="/global/">Global</Link>
      </li>
      <li>
        <Link to="/local/">Local</Link>
      </li>
      <li>
        <Link to="/sports/">Sports</Link>
      </li>
    </ul>
  </div>
)

export default IndexPage
```

홈페이지는 다음과 같이 나타난다.

예를 들어 Global 링크를 클릭하면 다음과 같이 기사 리스트 페이지로 이동한다.

Gatsby

Global Articles

Home
- Global Article 1
- Global Article 2

▍ 원격 데이터 가져오기

Gatsby는 데이터 소스 플러그인에 관해 풍부한 생태계를 갖추고 있다(우리가 모두를 알아보기에는 시간이 부족하다). Gatsby 소스 플러그인이 빌드 시에 다른 시스템에 연결해서 네트워크를 통해 데이터를 가져오는 것은 일반적이다. gatsby-source-hacker-news 플러그인은 Gatsby에서 이러한 가져오기 프로세스가 어떻게 작동하는지 알 수 있는 멋진 플러그인이다.

우리는 Gatsby를 사용해 자체적인 Hacker News 웹사이트를 제작하지 않고 https://github.com/ajayns에서 만든 데모를 사용할 것이다. 시작하기 위해 다음과 같이 저장소를 복제한다.

```
git clone https://github.com/ajayns/gatsby-hacker-news.git
cd gatsby-hacker-news
```

그리고 나서 다음과 같이 종속성을 설치하는데, gatsby-source-hacker-news 플러그인이 포함된다.

```
npm install
```

이것이 이미 Gatsby 프로젝트이므로 뭔가를 활성화하기 위해 프로젝트 구성을 편집할 필요 없다. 이 장에서 했던 것처럼 다음과 같이 개발 서버를 시작하기만 하면 된다.

```
gatsby develop
```

이 장에서 작업했던 다른 웹사이트와 비교해서 이번에는 빌드를 완료하는 데 시간이 오래 걸린다. 그 이유는 Gatsby가 네트워크를 통해 데이터를 가져와야 하기 때문이다. 가져올 자원도 많다. 개발 서버의 콘솔 출력을 보면 다음과 같을 것이다.

```
success onPreBootstrap - 0.011 s
• starting to fetch data from the Hacker News GraphQL API. Warning, this can
take a long time e.g. 10-20 seconds
• source and transform nodesfetch HN data: 10138.119ms
```

이는 해커 뉴스 데이터를 로드하기 위해 필요한 작업 때문에 빌드가 오래 걸릴 것임을 나타낸다. 이 과정이 완료되면 브라우저에서 사이트를 로드할 수 있다. 다음과 유사한 내용이 나타날 것이다.

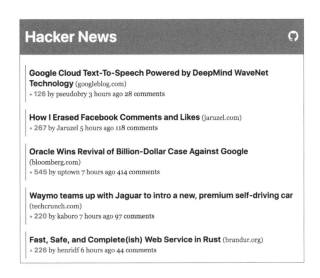

이 콘텐츠 데이터를 로드한 GraphQL 쿼리를 살펴보자. `index.js` 페이지에서 다음 쿼리를 찾을 수 있다.

```
query PageQuery {
  allHnStory(sort: { fields: [order] }, limit: 10) {
    edges {
      node {
        ...Story
      }
    }
  }
}
```

개별 노드 필드가 지정되는 대신 `...Story`가 있다. 이를 **프래그먼트**fragment라고 부르며 StoryItem 컴포넌트에 다음과 같이 정의돼 있다.

```
fragment Story on HNStory {
  id
  title
  score
  order
  domain
  url
  by
  descendants
  timeISO(fromNow: true)
}
```

StoryItem 컴포넌트는 이 데이터를 사용하므로 이렇게 GraphQL 프래그먼트를 정의한다. 이제 다음과 같이 GraphiQL로 가서 이 쿼리를 한데 모아 실행해보자.

```
1 ▾ fragment Story on HNStory {
2     id
3     title
4     score
5     order
6     domain
7     url
8     by
9     descendants
10    timeISO(fromNow: true)
11  }
12
13 ▾ query PageQuery {
14    allHnStory(sort: {fields: [order]}, limit: 10) {
15      edges {
16        node {
17          ...Story
18        }
19      }
20    }
21  }
22
```

```json
{
  "data": {
    "allHnStory": {
      "edges": [
        {
          "node": {
            "id": "16691203",
            "title": "Google Cloud Text-To-Speech Powered by DeepMind WaveNet Technology",
            "score": 126,
            "order": 1,
            "domain": "googleblog.com",
            "url": "https://cloudplatform.googleblog.com/2018/03/introducing-Cloud-Text-to-Speech-powered-by-Deepmind-WaveNet-technology.html",
            "by": "pseudobry",
            "descendants": 28,
            "timeISO": "3 hours ago"
          }
        },
        {
          "node": {
            "id": "16689699",
            "title": "How I Erased Facebook Comments and Likes",
            "score": 267,
            "order": 2,
            "domain": "jaruzel.com",
            "url": "http://www.jaruzel.com/blog/How-I-Erased-5000-Facebook-Comments-and-Likes",
            "by": "Jaruzel",
            "descendants": 118,
            "timeISO": "5 hours ago"
          }
        },
```

이렇게 해서 사이트의 홈페이지가 Hack News API에서 가져온 데이터를 로드한다. 홈페이지 컴포넌트는 다음과 같다.

```jsx
import React from 'react'

import StoryItem from '../components/story-item'

const IndexPage = ({ data, active }) => (
  <div>
    <div>
      {data.allHnStory.edges.map(({ node }) => (
        <StoryItem key={node.id} story={node} active={false} />
      ))}
    </div>
  </div>
)

export default IndexPage
```

반환된 데이터의 edges는 StoryItem 컴포넌트에 매핑돼 데이터 노드에 전달된다. StoryItem 컴포넌트는 다음과 같다.

```jsx
import React, { Component } from 'react';
import Link from 'gatsby-link';

import './story-item.css';

const StoryItem = ({ story, active }) => (
  <div
    className="story"
    style={active ? { borderLeft: `6px solid #ff6600` } : {}}
  >
    <div className="header">
      <a href={story.url}>
        <h4>{story.title}</h4>
      </a>
      <span className="story-domain">
        {` `}({story.domain})
      </span>
    </div>
    <div className="info">
      <h4 className="score">▲ {story.score}</h4>
      {` `}
      by <span className="author">{story.by}</span>
      {` `}
      <span className="time">{story.timeISO}</span>
      {` `}
      {active ? (
        ``
      ) : (
        <Link to={`/item/${story.id}`} className="comments">
          {story.descendants} comments
        </Link>
      )}
```

```
    </div>
  </div>
);

export default StoryItem;
```

여기서 커다란 쿼리에 전달된 GraphQL 프래그먼트로 정의된 데이터를 이 컴포넌트가 어떻게 사용하는지를 볼 수 있다.

이제 스토리의 댓글 링크를 클릭하자. 그러면 스토리의 세부 사항 페이지로 이동할 것이다. 새 URL은 http://localhost:8000/item/16691203처럼 보일 것이며, 페이지는 다음과 같이 나타날 것이다.

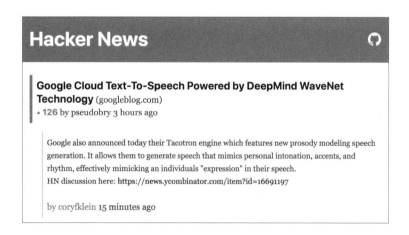

URL 매개변수(스토리의 ID)가 있어서 이 페이지의 출처가 궁금할 것이다. Gatsby를 사용해 동적 URL 컴포넌트가 있는 정적 페이지를 빌드할 때 여러분은 Gatsby에게 GraphQL 쿼리 결과를 바탕으로 페이지를 생성하는 방법을 알려주는 코드를 작성해야 한다. 이 코드는 gatsby-node.js 모듈 속에 넣는다. 이 Hacker News 웹사이트의 페이지가 생성되는 방법은 다음과 같다.

```
const path = require(`path`)

exports.createPages = ({ graphql, boundActionCreators }) => {
  const { createPage } = boundActionCreators
  return new Promise((resolve, reject) => {
    graphql(`
      {
        allHnStory(sort: { fields: [order] }, limit: 10) {
          edges {
            node {
              id
            }
          }
        }
      }
    `).then(result => {
      if (result.errors) {
        reject(result.errors)
      }

      const template = path.resolve(`./src/templates/story.js`)

      result.data.allHnStory.edges.forEach(({ node }) => {
        createPage({
          path: `/item/${node.id}`,
          component: template,
          context: {
            id: node.id,
          },
        })
      })

      resolve()
    })
  })
}
```

이 모듈은 Gatsby가 빌드 시에 정적 Hacker News 기사 페이지를 생성하는 데 사용할 createPages() 함수를 내보낸다. 다음과 같이 grapghql() 함수를 사용해 페이지들을 생성하는 데 필요한 기사 노드를 모두 찾는 쿼리를 실행한다.

```
graphql(`
  {
    allHnStory(sort: { fields: [order] }, limit: 10) {
      edges {
        node {
          id
        }
      }
    }
  }
`)
```

다음으로 각 노드에 관해 createPage() 함수를 호출한다.

```
const template = path.resolve(`./src/templates/story.js`)

result.data.allHnStory.edges.forEach(({ node }) => {
  createPage({
    path: `/item/${node.id}`,
    component: template,
    context: {
      id: node.id,
    },
  })
})
```

createPage()에 전달하는 프로퍼티는 다음과 같다.

- path: 접근할 때 페이지를 렌더링하는 URL이다.
- component: 페이지 내용을 렌더링하는 React 컴포넌트에 관한 파일시스템 경로다.
- context: React 컴포넌트에게 전달하는 데이터다. 여기서는 컴포넌트가 기사 ID를 알고 있어야 한다.

이것은 동적 데이터를 기반으로 많은 페이지를 생성할 때마다 여러분이 Gatsby에서 취할 수 있는 일반적인 접근법이지만, 동일한 React 컴포넌트를 사용해서 콘텐츠를 렌더링해도 된다. 다르게 말하면 모든 기사에 관해 개별적으로 컴포넌트들을 만들기보다는 이 코드와 하나의 React 컴포넌트를 작성하는 것이 좋다.

기사 세부 사항 페이지를 렌더링하는 데 사용되는 컴포넌트[3]를 살펴보자.

```
import React from 'react'

import StoryItem from '../components/story-item'
import Comment from '../components/comment'

const Story = ({ data }) => (
  <div>
    <StoryItem story={data.hnStory} active={true} />
    <ul>
      {data.hnStory.children.map(comment => (
        <Comment key={comment.id} data={comment} />
      ))}
    </ul>
  </div>
)
```

---

3   story.js이다. – 옮긴이

```
export default Story

export const pageQuery = graphql`
  query StoryQuery($id: String!) {
    hnStory(id: { eq: $id }) {
      ...Story
      children {
        ...Comment
      }
    }
  }
`
```

또다시 컴포넌트는 GraphQL 쿼리를 실행해 `pageQuery` 상수에 그 값을 지정하는 Gatsby에 의존한다. 콘텍스트는 `gatsby-node.js`의 `createPage()`에게로 전달된다. 이렇게 해서 특정 스토리 데이터를 쿼리할 수 있게 `$id` 인자를 쿼리에 제공하면 된다.

▌ 요약

10장에서는 React 컴포넌트를 기반으로 정적 웹사이트를 생성하기 위한 도구인 Gatsby에 관해 배웠다. 정적 사이트 구축을 고려해야 하는 이유와 React가 이 작업에 적합한 이유에 관한 논의로 10장을 시작했다. 정적 사이트는 일반적인 React 앱처럼 동일한 타입의 자원을 사용하지 않으므로 전체적으로 사용자 환경이 개선된다.

그리고 나서 처음으로 Gatsby 웹사이트를 만들어보았다. Gatsby 스타터 템플릿으로 생성된 파일들의 기본 레이아웃을 배웠고, 페이지를 서로 어떻게 링크시키는지를 보았다. 그런 다음 Gatsby 데이터가 플러그인 아키텍처에 의해 구동된다는 사실을 알게 됐다. Gatsby는 플러그인을 통해 다양한 데이터 소스를 지원할 수 있다. 여러분은 로컬 파일 시스템 데이터로 시작했고, 다음으로 트랜스포머 플러그인에 관해 배웠다. 이러한 타입의 Gatsby 플러그인을 사용하면 특정 타입의 데이터 소스를 GraphQL을 통해 쿼리할 수 있다.

마지막으로 Gatsby를 사용해 구축된 Hacker News 예제를 살펴보았다. 이 예제에서는 원격 API 데이터를 데이터 소스로 가져와서 GraphQL 쿼리 결과를 바탕으로 페이지를 동적으로 생성할 수 있었다.

마지막 11장인 다음 장에서는 React 애플리케이션들이 소비하는 서비스와 함께 이들 애플리케이션을 컨테이너화하고 배포하는 도구에 관해 배울 것이다.

11

Docker 컨테이너로 React 애플리케이션 빌드 및 배포하기

지금까지는 다양한 도구를 사용해 개발 모드에서 React 애플리케이션을 실행해 보았다. 11장에서는 생산 환경 도구로 초점을 돌릴 것이다. 전반적인 목표는 React 애플리케이션을 생산 환경에 배포하는 것이다. 고맙게도 이 작업에 도움이 되는 도구가 많으며, 11장에서 익숙해질 것이다. 11장의 목표는 다음과 같다.

- API를 활용하는 기본 메시징 React 앱 제작
- Node 컨테이너를 사용해 React 애플리케이션 실행하기
- 컨테이너에서 실행되는 배포 가능한 서비스로 앱 분할하기
- 생산 환경에서 정적 React 빌드 사용

▌ 메시징 앱 제작

아무 배경 없이 React 애플리케이션 배포에 사용되는 도구에 관해 얘기하는 것은 어렵다. 이를 위해 기본 메시징 앱을 만들 것이다. 이 절에서는 이 앱이 작동하는 방식과 빌드 방식을 살펴본다. 그런 다음 애플리케이션을 컨테이너 세트로 배포하는 방법을 배울 나머지 절에 관한 준비를 할 것이다.

이 앱의 기본 아이디어는 로그인해서 연락처에 메시지를 보낼 뿐만 아니라 받을 수 있게 하는 것이다. 우리는 이 앱을 아주 단순하게 만들 것이다. 기능면에서 보면 단순한 SMS만 가능하다. 이런 사실을 앱 제목(Barely SMS)으로 쓸 것이다. 의도는 생산 환경에서 테스트하기에 충분한 유동 부분을 갖춘 React 애플리케이션뿐만 아니라 나중에 컨테이너에 배포할 수 있는 서버를 만드는 것이다.

눈에 보이는 외관을 위해 Material-UI 컴포넌트 라이브러리(https://material-ui-next.com/)를 사용할 것이다. 하지만 UI 컴포넌트를 사용한다고 해도 11장의 학습에는 영향을 주지 않을 것이다.

Barely SMS 시작하기

Barely SMS에 익숙해지기 위해 지금까지 이 책에서 다루었던 것과 같은 방법으로 터미널에서 시작해보자. 이 책의 소스 코드 번들에서 building-a-messaging-app 디렉터리로 변경한 후 다른 create-react-app 프로젝트와 마찬가지 과정을 거쳐[1] 다음 명령으로 개발 서버를 시작할 수 있다.

```
npm start
```

---

[1] npm install 명령으로 종속성을 설치해야 한다. – 옮긴이

다른 터미널 창이나 탭을 사용해 동일한 디렉터리 내에서 다음 명령을 실행하면 Barely SMS용 API 서버를 시작할 수 있다.

```
npm run api
```

그러면 기본 Express 앱(http://expressjs.com/)이 시작된다. 서버가 작동해서 요청을 수신하면 다음과 같은 결과가 나타날 것이다.

```
API server listening on port 3001!
```

이제 로그인할 준비가 됐다.

로그인

처음 UI를 로드하면 다음과 같은 로그인 화면이 나타날 것이다.

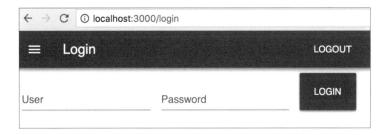

API의 일부분으로서 다음과 같은 모의 사용자가 존재한다.

- user1
- user2
- user3

- user4

- user5

암호는 검증하는 것이 없으므로 공백으로 남겨두거나 아무 입력으로도 위의 사용자가 인증될 것이다. 이 페이지를 렌더링하는 Login 컴포넌트를 살펴보자.

```javascript
import React, { Component } from 'react';

import { withStyles } from 'material-ui/styles';
import TextField from 'material-ui/TextField';
import Button from 'material-ui/Button';

import { login } from './api';

const styles = theme => ({
  container: {
    display: 'flex',
    flexWrap: 'wrap'
  },
  textField: {
    marginLeft: theme.spacing.unit,
    marginRight: theme.spacing.unit,
    width: 200
  },
  button: {
    margin: theme.spacing.unit
  } });

class Login extends Component {
  state = {
    user: '',
    password: ''
  };

  onInputChange = name => event => {
```

```
  this.setState({
    [name]: event.target.value
  });
};


onLoginClick = () => {
  login(this.state).then(resp => {
    if (resp.status === 200) {
      this.props.history.push('/');
    }
  });
};


componentWillMount() {
  this.props.setTitle('Login');
}


render() {
  const { classes } = this.props;
  return (
    <div className={classes.container}>
      <TextField
        id="user"
        label="User"
        className={classes.textField}
        value={this.state.user}
        onChange={this.onInputChange('user')}
        margin="normal"
      />
      <TextField
        id="password"
        label="Password"
        className={classes.textField}
        value={this.state.password}
        onChange={this.onInputChange('password')}
        type="password"
```

```
          autoComplete="current-password"
          margin="normal"
        />
        <Button
          variant="raised"
          color="primary"
          className={classes.button}
          onClick={this.onLoginClick}
        >
          Login
        </Button>
      </div>
    );
  }
}

export default withStyles(styles)(Login);
```

여기에는 많은 Material-UI가 들어 있지만, 대부분의 UI는 신경 쓰지 않아도 된다. 중요한 것은 api 모듈에서 임포트한 login() 함수다. 이 함수는 /api/login 엔드포인트를 호출하는 데 사용된다. 이것이 React 제작 배포와 관련된 이유는 이 함수가 자체 컨테이너로 배포될 수 있는 서비스와 상호 작용하기 때문이다.

홈페이지

로그인에 성공했다면 앱의 홈페이지로 이동된다. 다음과 같은 페이지가 나타날 것이다.

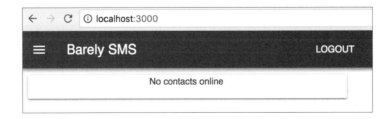

Barely SMS의 홈페이지에는 현재 온라인 상태에 있는 사용자의 연락처가 표시된다. 여기서는 아직 어떠한 온라인 사용자도 없다. 이제 Home 컴포넌트 소스를 살펴보자.

```jsx
import React, { Component } from 'react';

import { withStyles } from 'material-ui/styles';
import Paper from 'material-ui/Paper';
import Avatar from 'material-ui/Avatar';
import IconButton from 'material-ui/IconButton';

import ContactMail from 'material-ui-icons/ContactMail';
import Message from 'material-ui-icons/Message';

import List, {
  ListItem,
  ListItemAvatar,
  ListItemText,
  ListItemSecondaryAction
} from 'material-ui/List';

import EmptyMessage from './EmptyMessage';
import { getContacts } from './api';

const styles = theme => ({
  root: {
    margin: '10px',
    width: '100%',
    maxWidth: 500,
    backgroundColor: theme.palette.background.paper
  } });

class Home extends Component {
  state = {
    contacts: []
  };
```

```
onMessageClick = id => () => {
  this.props.history.push('/newmessage/${id}');
};

componentWillMount() {
  const { setTitle, history } = this.props;

  setTitle('Barely SMS');

  const refresh = () =>
    getContacts().then(resp => {
      if (resp.status === 403) {
        history.push('/login');
      } else {
        resp.json().then(contacts => {
          this.setState({
            contacts: contacts.filter(contact => contact.online)
          });
        });
      }
    });

  this.refreshInterval = setInterval(refresh, 5000);
  refresh();
}

componentWillUnmount() {
  clearInterval(this.refreshInterval);
}

render() {
  const { classes } = this.props;
  const { contacts } = this.state;
  const { onMessageClick } = this;

  return (
```

```
    <Paper className={classes.root}>
      <EmptyMessage coll={contacts}>
        No contacts online
      </EmptyMessage>
      <List component="nav">
        {contacts.map(contact => (
          <ListItem key={contact.id}>
            <ListItemAvatar>
              <Avatar>
                <ContactMail />
              </Avatar>
            </ListItemAvatar>
            <ListItemText primary={contact.name} />
            <ListItemSecondaryAction>
              <IconButton onClick={onMessageClick(contact.id)}>
                <Message />
              </IconButton>
            </ListItemSecondaryAction>
          </ListItem>
        ))}
      </List>
    </Paper>
  );
  }
}

export default withStyles(styles)(Home);
```

componentWillMount() 생명 주기 메소드에서 getContacts() 함수를 사용해 연락처 API 엔드포인트를 가져온다. 그러고 나서 인터벌을 사용해 반복되므로 연락처 로그인 정보가 여기에 표시된다. 컴포넌트가 마운트 해제되면 그 인터벌이 제거된다.

이를 테스트하기 위해 파이어폭스를 열어보자(user1로 로그인한 브라우저와 다른 것이라면 어느 브라우저를 사용하더라도 문제 되지 않는다). 여기서 user1의 연락처에 있는 user2로 로그인하면 되는데, user2의 연락처에는 user1이 있을 것이다.

다른 브라우저에서 로그인하자마자 User 1 연락처가 온라인 상태로 나타난다.

이제 User 1로 로그인한 크롬으로 전환하면 User 2 연락처가 로그인 상태로 보일 것이다.

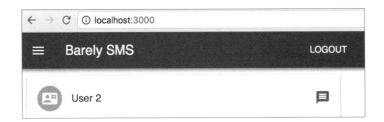

이 앱은 다른 페이지에서도 비슷한 새로고침 패턴을 따른다. 즉 인터벌을 사용해 API 서비스 엔드포인트로부터 데이터를 가져온다.

연락처 페이지

현재 온라인 상태만이 아닌 모든 연락처를 보려면 연락처 페이지로 이동해야 한다. 그곳으로 가려면 제목 왼쪽에 있는 햄버거 모양의 버튼을 클릭해 다음 그림과 같이 내비게이션 메뉴를 나타나게 한다.

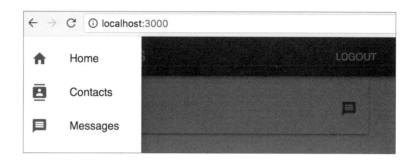

Contacts 링크를 클릭하면 다음과 같은 연락처 페이지로 이동한다.

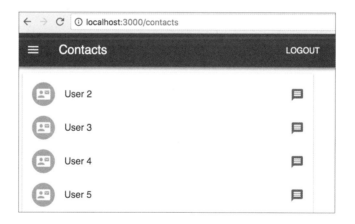

이 페이지는 모든 연락처를 나타낸다는 점을 제외하고는 홈페이지와 아주 비슷하다. 현재 온라인 상태인 사용자뿐만 아니라 모든 사용자에게 메시지를 보낼 수 있다. Contacts 컴포넌트를 살펴보자.

```
import React, { Component } from 'react';

import { withStyles } from 'material-ui/styles';
import Paper from 'material-ui/Paper';
import Avatar from 'material-ui/Avatar';
import IconButton from 'material-ui/IconButton';

import ContactMail from 'material-ui-icons/ContactMail';
import Message from 'material-ui-icons/Message';

import List, {
  ListItem,
  ListItemAvatar,
  ListItemText,
  ListItemSecondaryAction
} from 'material-ui/List';

import EmptyMessage from './EmptyMessage';
import { getContacts } from './api';

const styles = theme => ({
  root: {
    margin: '10px',
    width: '100%',
    maxWidth: 500,
    backgroundColor: theme.palette.background.paper
  }
});

class Contacts extends Component {
  state = {
    contacts: []
  };

  onMessageClick = id => () => {
```

```
      this.props.history.push('/newmessage/${id}');
};

componentWillMount() {
  const { setTitle, history } = this.props;

  setTitle('Contacts');

  const refresh = () =>
    getContacts().then(resp => {
      if (resp.status === 403) {
        history.push('/login');
      } else {
        resp.json().then(contacts => {
          this.setState({ contacts });
        });
      }
    });

  this.refreshInterval = setInterval(refresh, 5000);
  refresh();
}

componentWillUnmount() {
  clearInterval(this.refreshInterval);
}

render() {
  const { classes } = this.props;
  const { contacts } = this.state;
  const { onMessageClick } = this;

  return (
    <Paper className={classes.root}>
      <EmptyMessage coll={contacts}>No contacts</EmptyMessage>
      <List component="nav">
```

```
          {contacts.map(contact => (
            <ListItem key={contact.id}>
              <ListItemAvatar>
                <Avatar>
                  <ContactMail />
                </Avatar>
              </ListItemAvatar>
              <ListItemText primary={contact.name} />
              <ListItemSecondaryAction>
                <IconButton onClick={onMessageClick(contact.id)}>
                  <Message />
                </IconButton>
              </ListItemSecondaryAction>
            </ListItem>
          ))}
        </List>
      </Paper>
    );
  }
}

export default withStyles(styles)(Contacts);
```

Home 컴포넌트와 마찬가지로 Contacts는 인터벌 패턴을 사용해 연락처를 새로고침한다. 예를 들어 향후 어떤 사용자가 온라인 상태인지를 시각적으로 나타내는 향상된 기능을 이 페이지에 추가하려면 서비스의 최신 데이터가 필요하다.

메시지 페이지

내비게이션 메뉴를 나타내서 메시지 페이지를 방문하면 다음과 같은 내용이 보일 것이다.

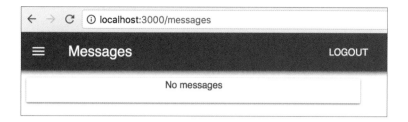

아직 아무 메시지도 없다. 메시지를 보내기 전에 **Messages** 컴포넌트를 살펴보자.

```jsx
import React, { Component } from 'react';
import moment from 'moment';
import { Link } from 'react-router-dom';

import { withStyles } from 'material-ui/styles';
import Paper from 'material-ui/Paper';
import Avatar from 'material-ui/Avatar';
import List, {
  ListItem,
  ListItemAvatar,
  ListItemText
} from 'material-ui/List';

import Message from 'material-ui-icons/Message';

import EmptyMessage from './EmptyMessage';
import { getMessages } from './api';

const styles = theme => ({
  root: {
    margin: '10px',
    width: '100%',
    maxWidth: 500,
    backgroundColor: theme.palette.background.paper
  }
```

```
});

class Messages extends Component {
  state = {
    messages: []
  };

  componentWillMount() {
    const { setTitle, history } = this.props;

    setTitle('Messages');

    const refresh = () =>
      getMessages().then(resp => {
        if (resp.status === 403) {
          history.push('/login');
        } else {
          resp.json().then(messages => {
            this.setState({
              messages: messages.map(message => ({
                ...message,
                duration: moment
                  .duration(new Date() - new Date(message.timestamp))
                  .humanize()
              }))
            });
          });
        }
      });

    this.refreshInterval = setInterval(refresh, 5000);
    refresh();
  }

  componentWillUnmount() {
    clearInterval(this.refreshInterval);
```

```
    }

    render() {
      const { classes } = this.props;
      const { messages } = this.state;

      return (
        <Paper className={classes.root}>
          <EmptyMessage coll={messages}>No messages</EmptyMessage>
          <List component="nav">
            {messages.map(message => (
              <ListItem
                key={message.id}
                component={Link}
                to={'/messages/${message.id}'}
              >
                <ListItemAvatar>
                  <Avatar>
                    <Message />
                  </Avatar>
                </ListItemAvatar>
                <ListItemText
                  primary={message.fromName}
                  secondary={'${message.duration} ago'}
                />
              </ListItem>
            ))}
          </List>
        </Paper>
      );
    }
}

export default withStyles(styles)(Messages);
```

또다시 인터벌을 사용해 데이터를 새로 고치는 똑같은 패턴이 여기에 있다. 사용자가
메시지 중 하나를 클릭하면 메시지 세부 사항 페이지로 이동하므로 거기서 해당 메시지
내용을 읽을 수 있다.

메시지 보내기

User 2로 로그인한 다른 브라우저(내 경우에는 파이어폭스)로 전환한다. User 1 옆의 작은
메시지 아이콘을 클릭하자.

그러면 다음과 같은 새 메시지 페이지로 이동할 것이다.

메시지를 입력하고 SEND를 누른다. 그리고 나서 User 1로 로그인한 크롬으로 전환한다.
다음과 같이 User 2의 메시지 페이지에 새 메시지가 나타날 것이다.

이 메시지를 클릭하면 다음과 같이 메시지 내용을 읽을 수 있다.

여기에서 User 2에게 새 메시지를 보내기 위해 REPLY 버튼을 클릭하거나 아니면 메시지를 삭제할 수도 있다. API 코드를 알아보기 전에 NewMessage 컴포넌트를 살펴보자.

```
import React, { Component } from 'react';

import { withStyles } from 'material-ui/styles';
import Paper from 'material-ui/Paper';
import TextField from 'material-ui/TextField';
import Button from 'material-ui/Button';

import Send from 'material-ui-icons/Send';

import { getUser, postMessage } from './api';
```

```
const styles = theme => ({
  root: {
    display: 'flex',
    flexWrap: 'wrap',
    flexDirection: 'column'
  },
  textField: {
    marginLeft: theme.spacing.unit,
    marginRight: theme.spacing.unit,
    width: 500
  },
  button: {
    width: 500,
    margin: theme.spacing.unit
  },
  rightIcon: {
    marginLeft: theme.spacing.unit
  }
});

class NewMessage extends Component {
  state = {
    message: ''
  };

  onMessageChange = event => {
    this.setState({
      message: event.target.value
    });
  };

  onSendClick = () => {
    const { match: { params: { id } }, history } = this.props;
    const { message } = this.state;

    postMessage({ to: id, message }).then(() => {
```

```
      this.setState({ message: '' });
      history.push('/');
    });
  };

componentWillMount() {
  const {
    match: { params: { id } },
    setTitle,
    history
  } = this.props;

  getUser(id).then(resp => {
    if (resp.status === 403) {
      history.push('/login');
    } else {
      resp.json().then(user => {
        setTitle('New message for ${user.name}');
      });
    }
  });
}

render() {
  const { classes } = this.props;
  const { message } = this.state;
  const { onMessageChange, onSendClick } = this;

  return (
    <Paper className={classes.root}>
      <TextField
        id="multiline-static"
        label="Message"
        multiline
        rows="4"
        className={classes.textField}
```

```
        margin="normal"
        value={message}
        onChange={onMessageChange}
      />
      <Button
        variant="raised"
        color="primary"
        className={classes.button}
        onClick={onSendClick}
      >
        Send
        <Send className={classes.rightIcon} />
      </Button>
    </Paper>
  );
  }
}

export default withStyles(styles)(NewMessage);
```

여기서 postMessage( ) API 함수는 API 서비스를 사용해 메시지를 보내는 데 사용된다. 이제 MessageDetails 컴포넌트를 살펴보자.

```
import React, { Component } from 'react';
import { Link } from 'react-router-dom';

import { withStyles } from 'material-ui/styles';
import Paper from 'material-ui/Paper';
import Button from 'material-ui/Button';
import Typography from 'material-ui/Typography';

import Delete from 'material-ui-icons/Delete';
import Reply from 'material-ui-icons/Reply';
```

```
import { getMessage, deleteMessage } from './api';

const styles = theme => ({
  root: {
    display: 'flex',
    flexWrap: 'wrap',
    flexDirection: 'column'
  },
  message: {
    width: 500,
    margin: theme.spacing.unit
  },
  button: {
    width: 500,
    margin: theme.spacing.unit
  },
  rightIcon: {
    marginLeft: theme.spacing.unit
  }
});

class NewMessage extends Component {
  state = {
    message: {}
  };

  onDeleteClick = () => {
    const { history, match: { params: { id } } } = this.props;

    deleteMessage(id).then(() => {
      history.push('/messages');
    });
  };

  componentWillMount() {
    const {
```

```
      match: { params: { id } },
      setTitle,
      history
    } = this.props;

    getMessage(id).then(resp => {
      if (resp.status === 403) {
        history.push('/login');
      } else {
        resp.json().then(message => {
          setTitle('Message from ${message.fromName}');
          this.setState({ message });
        });
      }
    });
  }

  render() {
    const { classes } = this.props;
    const { message } = this.state;
    const { onDeleteClick } = this;

    return (
      <Paper className={classes.root}>
        <Typography className={classes.message}>
          {message.message}
        </Typography>
        <Button
          variant="raised"
          color="primary"
          className={classes.button}
          component={Link}
          to={'/newmessage/${message.from}'}
        >
          Reply
          <Reply className={classes.rightIcon} />
```

```
      </Button>
      <Button
        variant="raised"
        color="primary"
        className={classes.button}
        onClick={onDeleteClick}
      >
        Delete
        <Delete className={classes.rightIcon} />
      </Button>
    </Paper>
  );
  }
}

export default withStyles(styles)(NewMessage);
```

여기에서 getMessage( ) API 함수는 메시지 내용을 로드하는 데 사용된다. 이들 컴포넌트는 정보를 결코 변경하지 않으므로 다른 컴포넌트가 사용하는 것과 같은 새로고침 패턴을 사용하지 않는다.

API

API는 React 앱이 데이터를 검색하고 조작하기 위해 상호 작용하는 서비스다. 제품 React 애플리케이션을 배포할 생각이라면 하나의 서비스뿐만 아니라 애플리케이션과 상호 작용할 여러 마이크로서비스microservice도 표현하는 추상화로 API를 사용하는 것이 중요하다.

이제 Barely SMS를 구성하는 React 컴포넌트가 사용하는 API 함수들을 살펴보자.

```
export const login = body =>
  fetch('/api/login', {
    method: 'post',
    headers: { 'Content-Type': 'application/json' },
    body: JSON.stringify(body),
    credentials: 'same-origin'
  });

export const logout = user =>
  fetch('/api/logout', {
    method: 'post',
    credentials: 'same-origin'
  });

export const getUser = id =>
  fetch('/api/user/${id}', { credentials: 'same-origin' });

export const getContacts = () =>
  fetch('/api/contacts', { credentials: 'same-origin' });

export const getMessages = () =>
  fetch('/api/messages', { credentials: 'same-origin' });

export const getMessage = id =>
  fetch('/api/message/${id}', { credentials: 'same-origin' });

export const postMessage = body =>
  fetch('/api/messages', {
    method: 'post',
    headers: { 'Content-Type': 'application/json' },
    body: JSON.stringify(body),
    credentials: 'same-origin'
  });

export const deleteMessage = id =>
```

```
fetch('/api/message/${id}', {
  method: 'delete',
  credentials: 'same-origin'
});
```

이러한 간단한 추상화는 fetch( )를 사용해 API 서비스에 관한 HTTP 요청을 만든다. 아래 코드와 같이 현재 단 하나의 API 서비스가 단일 프로세스로 실행하며, 모의 사용자 데이터를 두고 모든 변경 사항이 메모리에서만 일어난다(저장되는 것은 아무것도 없다).

```
const express = require('express');
const bodyParser = require('body-parser');
const cookieParser = require('cookie-parser');

const sessions = [];
const messages = [];
const users = {
  user1: {
    name: 'User 1',
    contacts: ['user2', 'user3', 'user4', 'user5'],
    online: false
  },
  user2: {
    name: 'User 2',
    contacts: ['user1', 'user3', 'user4', 'user5'],
    online: false
  },
  user3: {
    name: 'User 3',
    contacts: ['user1', 'user2', 'user4', 'user5'],
    online: false
  },
  user4: {
    name: 'User 4',
    contacts: ['user1', 'user2', 'user3', 'user5'],
```

```
      online: false
    },
    user5: {
      name: 'User 5',
      contacts: ['user1', 'user2', 'user3', 'user4']
    }
};

const authenticate = (req, res, next) => {
  if (!sessions.includes(req.cookies.session)) {
    res.status(403).end();
  } else {
    next();
  }
};

const app = express();
app.use(cookieParser());
app.use(bodyParser.json());
app.use(bodyParser.urlencoded({ extended: true }));

app.post('/api/login', (req, res) => {
  const { user } = req.body;

  if (users.hasOwnProperty(user)) {
    sessions.push(user);
    users[user].online = true;
    res.cookie('session', user);
    res.end();
  } else {
    res.status(403).end();
  }
});

app.post('/api/logout', (req, res) => {
  const { session } = req.cookies;
```

```
      const index = sessions.indexOf(session);

      sessions.splice(index, 1);
      users[session].online = false;

      res.clearCookie('session');
      res.status(200).end();
});

app.get('/api/user/:id', authenticate, (req, res) => {
    res.json(users[req.params.id]);
});

app.get('/api/contacts', authenticate, (req, res) => {
    res.json(
      users[req.cookies.session].contacts.map(id => ({
        id,
        name: users[id].name,
        online: users[id].online
      }))
    );
});

app.post('/api/messages', authenticate, (req, res) => {
    messages.push({
      from: req.cookies.session,
      fromName: users[req.cookies.session].name,
      to: req.body.to,
      message: req.body.message,
      timestamp: new Date()
    });

    res.status(201).end();
});

app.get('/api/messages', authenticate, (req, res) => {
```

```
    res.json(
      messages
        .map((message, id) => ({ ...message, id }))
        .filter(message => message.to === req.cookies.session)
    );
});

app.get('/api/message/:id', authenticate, (req, res) => {
  const { params: { id } } = req;
  res.json({ ...messages[id], id });
});

app.delete('/api/message/:id', authenticate, (req, res) => {
  messages.splice(req.params.id, 1);
  res.status(200).end();
});

app.listen(3001, () =>
  console.log('API server listening on port 3001!')
);
```

이 코드는 간단한 자바스크립트 객체와 배열로 앱 데이터를 보관하는 Express 앱이다. 지금은 모든 일이 이러한 하나의 서비스 내에서 일어나지만, 항상 그런 것은 아니다. 이들 API 호출 중 일부는 다른 서비스로 둘 수 있다. 이렇게 하면 컨테이너로 배포하는 것에 강점이 생긴다. 즉 복잡한 배포를 높은 수준으로 추상화할 수 있다.

▌ Node 컨테이너로 시작하기

Node.js Docker 이미지 내에서 Barely SMS React 개발 서버를 실행해보자. 이렇게 하는 것은 생산 배포의 일부가 아니라는 점에 유의한다. 이는 Docker 컨테이너 배포에 익숙해지는 출발점일 뿐이다. 11장의 나머지 절을 진행하면서 제품 수준의 배포로 꾸준히 나아갈 것이다.

React 애플리케이션을 컨테이너에 넣는 첫 번째 단계는 Dockerfile을 생성하는 것이다. Docker가 여러분의 시스템에 아직 설치돼 있지 않다면 https://www.docker.com/community-edition에서 지시 사항에 따라 설치한다. 터미널을 열고 소스 코드 번들의 getting-started-with-containers 디렉터리에 들어가면 Dockerfile이라는 파일이 보일 것이다. 다음은 그 파일 내용이다.

```
FROM node:alpine
WORKDIR /usr/src/app
COPY package*.json ./
RUN npm install
COPY . .
EXPOSE 3000
CMD [ "npm", "start" ]
```

이것은 이미지를 만드는 데 사용되는 파일이다. 이미지란 React 애플리케이션을 실행하는 컨테이너 프로세스에 관한 템플릿과 같다. 기본적으로 이들 행은 다음과 같은 일을 한다.

- FROM node:alpine: 현재 이미지가 사용하는 기반 이미지. 이 이미지는 Node. js가 있는 작은 리눅스 버전.
- WORKDIR /usr/src/app: 컨테이너의 작업 디렉터리를 변경한다.
- COPY package*.json ./: package.json 및 package-lock.json을 컨테이너에 복사한다.
- RUN npm install: 컨테이너에 npm 패키지 종속성을 설치한다.
- COPY . .: 앱의 소스 코드를 컨테이너에 복사한다.
- EXPOSE 3000: 컨테이너가 실행 중일 때 포트 3000을 노출시킨다.
- CMD ["npm", "start"]: 컨테이너가 시작할 때 npm start를 실행한다.

추가할 다음 파일은 .dockerignore 파일이다. 이 파일에는 COPY 명령에 관해 이미지에 포함시키지 않을 것들이 나열돼 있다. 다음은 그 내용이다.

```
node_modules
npm-debug.log
```

여러분의 시스템에 설치된 npm_modules를 복사하지 않는 것이 중요하다. npm install 명령을 사용하면 파일들을 다시 설치하므로 라이브러리들이 중복된다.

배포할 수 있는 Docker 이미지를 만들기 전에 몇 가지 사소한 변경 사항이 있다. 먼저 IP 주소가 무엇인지 파악해 API 서버와 통신할 수 있어야 한다. 터미널에서 ifconfig를 실행해 주소를 찾을 수 있다. IP 주소를 알게 되면 package.json의 proxy 값을 업데이트하면 된다. 여기서는 다음과 같이 했다.

```
http://localhost:3001
```

이제 Docker 컨테이너가 실행되면 이 컨테이너가 도달할 수 있는 IP 주소가 있어야 한다. 내 경우에는 다음과 같다.

```
http://192.168.86.237:3001
```

다음으로 IP를 server.js의 listen() 메소드에 인자로 전달한다. 다음과 같이 하면 된다.

```
app.listen(3001, () =>
  console.log('API server listening on port 3001!') );
```

내 경우에는 다음과 같다.

```
app.listen(3001, '192.168.86.237', () =>
  console.log('API server listening on port 3001!') );
```

이제 다음 명령을 실행해 Docker 이미지를 만든다.

```
docker build -t barely-sms-ui .
```

그러면 현재 디렉터리에 있는 Dockerfile을 사용해 ID가 barely-sms-ui인 이미지가 만들어질 것이다. 일단 이미지가 만들어지면 docker images를 실행해 이 이미지를 볼 수 있다. 출력은 다음과 같을 것이다.

```
REPOSITORY      TAG      IMAGE ID      CREATED       SIZE
barely-sms-ui   latest   b1526915598d  7 hours ago   267MB
```

이제 다음 명령을 사용하면 컨테이너를 배포할 준비가 된 것이다.

```
docker run -p 3000:3000 barely-sms-ui
```

사용되지 않은 예전 컨테이너를 정리하려면 다음 명령을 실행하면 된다.

```
docker system prune
```

-p 3000:3000 인자는 컨테이너의 노출된 포트 3000이 시스템의 포트 3000에 매핑되게 한다. http://localhost:3000/을 열어서 테스트할 수 있다. 하지만 다음과 같은 에러가 나타날지도 모른다.

```
Unhandled Rejection (SyntaxError): Unexpected token P in JSON at position 0

(anonymous function)
src/app/src/Home.js:49

  46 |   if (resp.status === 403) {
  47 |     history.push('/login');
  48 |   } else {
> 49 |     resp.json().then(contacts => {
  50 |       this.setState({
  51 |         contacts: contacts.filter(contact => contact.online)
  52 |       });
```

컨테이너 콘솔 출력을 보면 다음과 같은 내용이 나타날 것이다.

```
    Proxy error: Could not proxy request /api/contacts from localhost:3000 to
http://192.168.86.237:3001.
    See https://nodejs.org/api/errors.html#errors_common_system_errors for more
information (ECONNREFUSED).
```

이 에러의 이유는 API 서버를 아직 시작하지 않았기 때문이다. 잘못된 IP 주소를 프록시 주소로 사용하면 이와 유사한 에러가 나타난다. 어떤 이유로든 프록시 값을 변경해야 한다면 이미지를 다시 만들고 나서 컨테이너를 재시작해야 한다. 다른 터미널에서 npm run api를 실행해 API를 시작하고 나서 UI를 다시 로드하면 모든 것이 제대로 작동할 것이다.

▌ React 앱을 서비스로 구성하기

앞 절의 주요 문제는 실행 중인 컨테이너로서 자체 사용자 인터페이스 서비스가 포함돼 있다는 점이었다. 반면에 API 서비스는 자체적인 일을 수행하지 않았다. 사용법을 배울 다음 도구는 docker-compose다. 이름에서 알 수 있듯이 docker-compose를 사용하면 규모가 큰 애플리케이션을 작은 서비스로 구성할 수 있다. Barely SMS의 자연스러운 다음 단계는 이 Docker 도구를 사용해 API 서비스를 만들고 두 서비스를 하나의 애플리케이션으로 제어하는 것이다.

이번에는 2개의 Dockerfile 파일이 필요하다. 앞 절의 Dockerfile을 재사용해도 된다 (Dockerfile.ui로 이름만 바꾼다). 그런 다음 거의 비슷한 다른 Dockerfile을 생성한다. Dockerfile.api라는 이름을 붙이고 다음 내용을 넣는다.

```
FROM node:alpine
WORKDIR /usr/src/app
COPY package*.json ./
RUN npm install
COPY . .
EXPOSE 3001
CMD [ "npm", "run", "api" ]
```

두 파일의 차이점은 EXPOSE 포트 값과 실행되는 CMD다. 이 명령은 React 개발 서버 대신 API 서버를 시작한다.

이미지를 빌드하기 전에 server.js 및 package.js 파일을 약간 조정해야 한다. package.json에서 프록시는 그냥 http://api:3001을 가리키면 된다. server.js에서는 다음과 같이 더 이상 특정 IP 주소를 listen( )에 전달하지 않게 한다.

```
app.listen(3001, ( ) =>
  console.log('API server listening on port 3001!') );
```

Dockerfile에 관한 표준 이름을 더 이상 사용하지 않으므로 두 이미지를 빌드하는 데 약간의 수정도 필요하다. UI 이미지를 빌드하는 방법은 다음과 같다.

```
docker build -f Dockerfile.ui -t barely-sms-ui .
```

그러고 나서 다음과 같이 API 이미지를 빌드한다.

```
docker build -f Dockerfile.api -t barely-sms-api .
```

이제 docker-compose.yml을 작성할 준비가 됐다. 이 파일에서 docker-compose 도구가 호출됐을 때 할 일을 선언한다. 다음과 같은 내용이다.

```
api:
  image: barely-sms-api
  expose:
    - 3001
  ports:
    - "3001:3001"
ui:
  image: barely-sms-ui
  expose:
    - 3000
  links:
    - api
  ports:
    - "3000:3000"
```

보다시피 이 YAML 마크업은 명확하게 2개의 서비스로 구분된다. 먼저 api 서비스가 있는데, 이 서비스는 barely-sms-api 이미지를 가리키며 이에 따라 포트를 매핑한다. 그 다음으로 ui 서비스가 있는데, 이 서비스는 barely-sms-ui 이미지를 가리키고 다른 포트에 매핑된다는 점을 제외하고는 똑같다. 아무 브라우저에서 UI를 로드하기 전에 API 서비스를 사용할 수 있어야 하므로 API 서비스도 연결한다.

서비스를 시작하려면 다음 명령을 실행한다.

```
docker-compose up
```

그런 다음 콘솔에서 서비스에 문제가 있는지 로그를 확인해야 한다. 그러고 나서 http://localhost:3000/을 방문하면 평상시처럼 SMS를 사용할 수 있다. 단, 이번에는 모든 것이 자체 컨테이너화돼 있다. 이제부터는 요구 사항이 발전함에 따라 애플리케이션을 성장시킬 수 있는 좋은 위치에 서게 된다. 필요에 따라 새로운 서비스를 추가하고 그 서비스를 모듈식 및 자체 컨테이너화된 상태로 유지하면서 React 컴포넌트가 동일한 애플리케이션과 통신하듯이 서비스와 통신할 수 있다.

▌생산을 위한 정적 React 빌드

생산 배포production deployment를 위해 Barely SMS를 준비하는 마지막 단계는 UI 서비스에서 React 개발 서버를 제거하는 것이다. 개발 서버는 개발자를 지원하는 많은 것이 포함돼 있지만, 결국 전반적인 사용자 환경을 느리게 하고 생산 환경이 아니므로 생산용으로 적합하지 않다.

Node.js 기반 이미지를 사용하는 대신 정적 콘텐츠를 제공하는 간단한 NGINX HTTP 서버를 사용할 수 있다. 이것은 생산 환경이며 사용자는 즉시 UI 자산asset을 빌드하는 개발 서버가 필요하지 않으므로 create-react-app 빌드 스크립트를 사용해 다음과 같이 NGINX가 제공하는 정적 콘텐츠를 빌드할 수 있다.

```
npm run build
```

그런 다음 Dockerfile.ui 파일을 다음과 같이 변경하면 된다.

```
FROM nginx:alpine
EXPOSE 3000
COPY nginx.conf /etc/nginx/nginx.conf
COPY build /data/www
```

```
CMD ["nginx", "-g", "daemon off;"]
```

이번에는 이 이미지가 정적 콘텐츠를 제공하는 NGINX 서버에서 기본이며 이 이미지에게 nginx.conf 파일을 전달한다. 다음은 이 파일의 내용이다.

```
worker_processes 2;

events {
  worker_connections 2048;
}

http {
  upstream service_api {
    server api:3001;
  }

  server {
    location / {
      root /data/www;
      try_files $uri /index.html;
    }

    location /api {
      proxy_pass http://service_api;
    }
  }
}
```

여기서 HTTP 요청을 보내는 위치를 세밀하게 제어할 수 있다. 예를 들어 /api/login 및 /api/logout 엔드포인트를 자체 서비스로 옮기면 UI 이미지를 다시 빌드하지 않고 이 변경 사항을 제어할 수 있다.

마지막으로 변경할 곳은 docker-compose.yml이다.

```
api:
  image: barely-sms-api
  expose:
    - 3001
  ports:
    - "3001:3001"

ui:
  image: barely-sms-ui
  expose:
    - 80
  links:
    - api
  ports:
    - "3000:80"
```

이제 포트 **3000**이 ui 서비스의 포트 **80**에 매핑된다는 것을 눈치챘는가? 이렇게 한 이유는 NGINX가 포트 **80**으로 서비스하기 때문이다. `docker-compose up`을 실행하면 http://localhost:3000/을 방문해 정적 빌드와 상호 작용할 수 있다.

축하한다! 더 이상 React 개발 서버가 존재하지 않으므로 빌드 도구의 관점에서 볼 때 생산 준비가 끝났다.

▌ 요약

11장에서는 Barely SMS라는 간단한 메시징 애플리케이션을 만들었다. 그런 다음 이 앱을 Docker 컨테이너로 배포하는 방법을 배웠다. 그리고 나서 UI 서비스를 비롯해 서비스들을 함께 묶는 방법을 배웠으므로 많은 유동 부분이 있는 애플리케이션을 배포할 때 좀 더 높은 수준의 추상화를 수행할 수 있게 됐다. 마지막으로 생산 준비가 완료된 정적 자산을 구축하고 산업용으로 강력한 HTTP 서버(NGINX)로 이런 자산을 서비스하는 방법을 배웠다.

11장이 깨우침을 주었기를 바란다. 집필은 도전이었고 기쁨이었다. 웹 개발에서의 도구 활용은 지난 10년간 해왔던 것만큼 어려워서는 안 된다. React 같은 프로젝트와 크롬 같은 브라우저는 이러한 추세를 바꾸기 시작했다. 나는 모든 기술이 도구 활용에 따라 빛이 난다고 믿는다. 여러분은 React 생태계에서 사용할 수 있는 도구에 관해 확실히 알게 됐으니 이를 잘 사용해서 힘써보기 바란다.

| 찾아보기 |

React 16 Tooling
적재적소의 도구 활용을 통한 개발 작업 효율화

발 행 | 2019년 6월 28일

지은이 | 아담 보두치
옮긴이 | 이 승 준

펴낸이 | 권 성 준
편집장 | 황 영 주
편 집 | 조 유 나
디자인 | 박 주 란

에이콘출판주식회사
서울특별시 양천구 국회대로 287 (목동)
전화 02-2653-7600, 팩스 02-2653-0433
www.acornpub.co.kr / editor@acornpub.co.kr

한국어판 © 에이콘출판주식회사, 2019, Printed in Korea.
ISBN 979-11-6175-320-1
http://www.acornpub.co.kr/book/react-16-tooling

이 도서의 국립중앙도서관 출판시도서목록(CIP)은 서지정보유통지원시스템 홈페이지(http://seoji.nl.go.kr)와
국가자료공동목록시스템(http://www.nl.go.kr/kolisnet)에서 이용하실 수 있습니다.(CIP제어번호: CIP2019023628)

책값은 뒤표지에 있습니다.